所有教師都應該知道的事
有效的教學策略

What Every Teacher Should Know About
Effective Teaching Strategies

Donna Walker Tileston 著

林天祐、簡馨瑩 校閱

鍾佳慧 譯

DONNA WALKER TILESTON

What Every Teacher Should Know About

Effective Teaching Strategies

目　錄

Contents

目 錄

Donna Walker Tileston

Donna Walker Tileston 博士是一位擁有 27 年豐富經驗的教師，也是一家在全美國與加拿大為學校提供服務的策略性教學與學習（Strategic Teaching and Learning）諮詢公司的總裁。她著作等身，主要著作包括：《與眾不同的教學策略——面對障礙》（*Strategies for Teaching Differently: On the Block or Not*）（Corwin Press, 1998）、《突破障礙的革新策略》（*Innovative Strategies of the Block Schedule*）（Bureau of Education and Research [BER], 1999），以及從一出版就名列 Corwin 暢銷排行榜的《十個最佳的教學策略——大腦研究、學習型態與標準如何界定教學能力》（*Ten Best Teaching Practices: How Brain Research, Learning Styles, and Standards Define Teaching Competencies*）（Corwin Press, 2000）。

Tileston 博士在北德州大學（University of North Texas）獲得學士學位，在東德州州立大學（East Texas State University）獲得碩士學位，在德州 A & M 商業大學（Texas A & M University-Commerce）獲得教育博士學位。讀者可以在 www.strategicteachinglearning.com 網站，或者透過 dwtileston@yahoo.com 信箱以 e-mail 跟她取得聯繫。

校閱者簡介　林天祐

學歷：美國紐約州立大學水牛城校區教育碩士、教
育行政學博士
美國加州大學聖塔芭芭拉校區訪問學者
英國倫敦大學訪問學者
現職：臺北市立教育大學教育行政與評鑑研究所教
授兼校長

簡馨瑩

學歷：國立臺灣師範大學教育心理與輔導學博士
現職：國立臺東大學幼兒教育學系助理教授

譯者簡介　鍾佳慧

學歷：國立嘉義師範學院語文教育學系畢業
現職：新北市五股國小英語教師
新北市國小英語輔導員

序言

　　當我們坐在桌前計畫未來一週的課程計畫時，都希望能擁有一顆水晶球，看看哪一種教學策略對學生的學習最有幫助，教師最不希望讓學生一上課時就說：「當然，現在我知道了。」根據近年來的教學研究報告與大量有關大腦研究的解析資料，提供了一些具體且清楚的教學策略，讓學生的學習成果達到最佳的效益（但有些卻無法實踐）。

　　全書中，我將呈現適當形式的教學策略，以改進學生的學習及理解。這些策略一般是會記載於老師的工具中，因為這些策略說明了大腦如何運作、理解、傳輸及回顧敘述性及程序性知識。這些策略能幫助學生更清楚看見、體驗及聽到知識，比起以前運用的方法，更能貼近大腦的運作方式。最重要的是，這些策略更能有效幫助學生，而且對老師而言，也不失為一種教學的妙法。

　　教導字彙的有效方法之一是介紹字彙，讓學生以自己的想法來學習字意。表 1 列出書中需要檢查字意的字彙。看看這些字彙中是否有熟悉或不熟悉的字，然後在中間欄位寫下定義，並在閱讀此書後，再修正想法。

　　本書提供字彙前測給讀者。讀完此書後，再提供字彙後測及解答。這些字彙摘要提供了關於這些字，或關於動機用語的額外知識。

表 1　有效的教學策略字彙表

字彙	你的定義	你修正後的定義
情緒模式（Affective modality）		
注意力（Attention）		
演算（Algorithm）		
脈絡化（Contextualizing）		
合作學習 （Cooperative learning）		
效果量（Effect size）		
情緒（Emotion）		
明確的教學（Explicit teaching）		
啟發（Heuristics）		
知識範疇 （Knowledge domains）		
語言模式 （Linguistic modality）		
意義（Meaning）		
後設分析（Meta-analysis）		
動機（Motivation）		
非語言性組織表 （Nonlinguistic organizers）		
多元化（Pluralizing）		
重複練習（Rehearsal）		
提取系統（Retrieval systems）		
感官記憶（Sensory memory）		
教學策略（Teaching strategies）		

譯者序

　　教學方式不斷的推陳出新，學生的特質也漸漸多元化，教師們的教學策略也會跟著大環境的變動而改變，但不變的是希望教學精進，學生能擁有學習成就之心。

　　我在閱讀此書後，剛好擁有在臺北美國學校的教師進修機會。這段進修的期間，美國學校的教師們介紹了不少實用的教學策略及教學方式，我也一一檢視其中所引用的教學原理，驗證書中提及的教學策略。例如：參觀其校內的教室布置，看見教師們運用大量的視覺效果及刺激，讓學生的學習更能根固。課程中善用不同的討論方式，像是"Piggy back"的討論及提問技巧，讓學員們體驗表達及思考邏輯的方法。在賞詩的課程中，播放輕柔的古典音樂，教室布置成像展覽館一般，營造一種優雅詩意的氣氛，所有的學員們穿梭在眾多的詩集之中，互相欣賞創作的短詩。這些實際體驗，讓我能更加理解書中介紹的教學工具及教學的策略，也嘗試將適合自己學生的教學策略，實際運用在教學上。

　　許多前往加州小學參訪的朋友，與我分享了當地小學所使用的圖像組織表。他們不僅把這些組織表運用在閱讀教學上，也運用在所有學科上，當地的教育單位也發展出一套圖像組織表的形式，並加強教師運用組織表的專業訓練，以幫助教師能對其運用更加得心應手。近年來臺灣推行的閱讀教學策略中，運用各種不同的圖像組織表以分析或建構知識，讓學生對閱讀的內容更加了解，或做經驗的連結，讓閱讀活動的推行更趨優質化，漸漸褪去衝「量」的概念。

　　這本實用教學策略，不僅讓我充實更多的實際教學經驗，也讓我

在平時的教學活動中檢視自己的教學。希望能將這本實用的工具書介紹給大家，讓所有教師的教學更加愉快，事半功倍。

鍾佳慧

字 彙 前 測

說明：閱讀完題目後請選出一個最佳的答案。

1. Majors 老師在學生學習一個獨立的學習方案時，給予學生一般性的指導。此時 Majors 老師所提供的是什麼？

   A. 啟發

   B. 演算

   C. 效果量

   D. 方法

2. 嗅覺、味覺、影像及觸覺屬於學習歷程哪一部分？

   A. 語言性的歷程

   B. 非語言性的歷程

   C. 情感的歷程

   D. 外在歷程

3. Mosaic 老師教多元文化課程時，經常使用故事幫助學生學習，使得學習更具有意義。Mosaic 老師是使用哪種學習歷程？

   A. 啟發

   B. 概念化

   C. 明確的教學

   D. 間接的教學

4. 語言性的型態不包含：

   A. 敘述性網絡

   B. 程序性網絡

   C. 味道

D. 寫作

5. 哪個提取系統最難存取訊息？

A. 情緒的

B. 程序的

C. 自動化的

D. 語意的

6. 在學生的學習上，下列哪項最具有效果量？

A. 認知系統

B. 後設認知系統

C. 自我系統

D. 認知系統

7. 心智圖是哪一種的範例？

A. 語言性的組織表

B. 後設分析

C. 啟發

D. 非語言性的組織表

8. 後設認知系統不是負責……

A. 詳述學習目標

B. 詳述學習的重要

C. 檢視過程

D. 檢視過程的正確性

9. 如果教師要學生建立並檢視自己的學習目標，他會使用何種知識？

A. 後設認知系統

B. 自我系統

C. 認知系統

D. 知識系統

10. 如果教師要學生學習與課程相關的字彙，他將使用：

A. 知識範疇

B. 心智歷程範疇

C. 認知範疇

D. 心理運動範疇

11. 如果教師要學生學習按部就班的步驟，並將此步驟用於特定的學科作業上，教師會教學生什麼？

A. 方法

B. 單一原則

C. 演算

D. 宏觀的歷程

12. 合作學習不包括下列何者？

A. 將學生分組

B. 包含社交技巧

C. 具結構性的

D. 需要回饋

13. 下列哪項不是合作學習的教學成分？

A. 正向的互助

B. 小組歷程

C. 面對面的互動

D. 系統的獨立性

14. 動機是由大腦的哪兩種系統所控制？

A. 自我和後設認知

B. 認知和後設認知

C. 感官和提取

D. 知識和認知

15. 教師要有效地指導學生學習英文時，應：

A. 運用脈絡化

B. 運用複數形

C. 運用情緒模式

D. 以上皆是

16. 運用大腦系統來進行教學，需要什麼知識？

A. 等級

B. 後設分析

C. 演算

D. 以上皆要

17. 明確的教學……

A. 包含啟發和運算

B. 每個課程的一部分

C. 不是今日課堂上的一部分

D. 對學生的理解是必要的

18. 哪一個例子不是教學策略？

A. 明確的教學

B. 教職員會議

C. 示範

D. 心智圖

19. 下列哪項敘述不是認知的一部分？

A. 分析

B. 理解

C. 情緒反應

D. 訊息的提取

20. 語言性的組織表不包含……

A. 心智圖

B. 作筆記

C. 大綱

D. 學習日誌

1

教學策略的抉擇

專家教師能輕鬆自如地運用各種教學策略進行教學，並能巧妙地因應學生的需求而因材施教。

——Berliner, "In Pursuit of the Expert Pedagogue"

Tomlinson（1999）談到教室是滿足學生需求的場所。她說：「教師在教室中利用教學實務來創造一個環境，讓學生可以在舒適的步調、符合個別難度的情境中學習，使學習適配學生個別差異，進而引發高度的學習興趣。」

近年來，對於教育改革的議題多談論到課程的整合與課程的評量，卻很少提及對課程裡實施的教學策略進行評量。在如此缺乏證據的情況下，我們如何決定實施有效的教學呢？當我們知道了學習的標準，包括領域學科及年級的標準，以及教師的教學目標時，該如何選擇最有效的教學方式幫助學生學習？以前有關如何做好的決定，只是隨便的提議罷了，但是現在已經有幫助教師進行良好決定的相關研究。先要問：「你想教什麼？學生能學得什麼技能和歷程？」在我的

著作《所有教師都應該知道的事——教學計畫》一書中，談到如何依教學目標的標準設計課程——包含國家標準及教師標準。本書亦會探討一些確保學生學習成效與記憶，並同時能兼顧國家課程標準的教學策略。

一旦課程標準確立後，教師便要發展能陳述學生學習成果的敘述性目標，以及確認學生實際學習的程序性目標。例如：在O'Henry的短篇故事「二十年後」的文學課，我的敘述性目標如下：

學生將知道（敘述性目標）：

- 與故事關聯的字彙。

- 有哪些角色。

- 影響兩位主角的性格。

- 做決定的步驟。

- 因果關係的概念。

- O'Henry有效運用懸疑的做法。

這些目標都很具體且實際。除了程序性目標外，都能以不同方式儲存於長期記憶。因此，除了程序性目標之外，這些目標要以不同的方式來進行教學。程序性的目標如下：

學生能做到（程序性目標）：

- 發展出故事裡因果關係的圖像。

- 運用圖像模式來確定學生若置身於與主角的相同狀況時，學生會做什麼抉擇。

- 描述書中一位角色的性格。

- 運用邏輯和分析的思考方式，確定書中的兩位主角是否是好朋友。

- 寫下故事可能發展出的第二種結局。

在第二組的目標中，學生要積極使用敘述性知識來完成。他們透過歷程來呈現大腦中不同儲存方式的理解部分——除了實際知識之外，還要注意學生需要的兩種型態目標。沒有敘述性目標，就無法達到程序性目標；如果沒有程序性目標，敘述性目標只會是表面化的學習。

如何執行目標？

教學，端視教師要學生學習什麼。例如：如果教師教學的目的是要幫助學生理解和運用單元中的字彙，那麼教師的教學敘述性目標就要清楚地說出，學生不只熟悉字彙及字意，而且要能在相關的學習單元裡，根據其上下文的內容運用字彙。研究顯示我們需要運用一些教學策略幫助學生理解字彙。本書除了介紹說明一般教學類別之外，教學策略亦是本書的重點，期能透過這些小訣竅幫助教師成為有效能的教學者。

教學方法為何重要？

為了要對思考系統有清楚的理解——自我系統、後設認知系統和認知系統——必須要看看教學法如何影響我們教學及學生的學習。

大約 99% 的學習來自於感官。大腦只花 15 秒鐘，或不到 15 秒鐘的時間決定要注意或忽略某一件事。大約有 98% 以字、圖、嗅覺、味覺和觸覺呈現給學生的訊息是會消失不見的，難怪學生會記不住。圖 1.1 以簡單的圖示表示訊息如何進入大腦中成為長期記憶。

感官訊息進入的 15 秒內，人類對這些訊息進行了什麼樣的學習活動，是決定訊息是否進入大腦儲存於長期記憶的重要關鍵。人類經常使用重複練習的方式處理進入感官的訊息，重複練習可以是背誦死

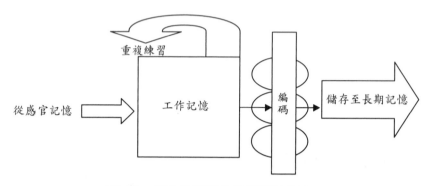

圖 1.1　感官資訊進入長期記憶的圖示

記——即簡單的重複或一再的做，使之成為自動化——或是活化一些
舊有的知識與經驗。我們建議教師設計一些連結學生生活經驗，對學
生具有意義性的練習方式來處理新的訊息或知識。何種方式較佳呢？
由教師視教材性質而定，有些知識和歷程是需要強記死背方式，有些
則需要以活化舊經驗或知識的方式來學習。

　　根據 Marzano（1992）的說法，當知識的使用方式與重複練習的
情形相同，我們就得用強記的重複練習方式，例如：九九乘法。當知
識能連結至其他情境中，我們就會以活化經驗的方式來達到重複練習
的效果。例如：當學習「波士頓茶葉黨」時，我們要學生理解到當人
們不是決策者的反應。我們要學生從不同的角度去理解此概念，而不
只是著重殖民地的稅賦問題。

　　在進入長期記憶前，必須要先處理感官訊息。負責傳輸訊息送到
適當的長期記憶之途徑有三種形式，包括語言型態、非語言型態與情
感型態。訊息處理編碼的方式非常重要，因為處理的方式會牽涉學生
事後是否容易提取回溯所學習的知識。例如：以英語為第二語言的學
生難以在語言型態去編碼知識，因為他們沒有足夠的字彙來將知識編

碼至語意記憶，這語意記憶是儲存字彙、事實等的途徑。對這些學生而言，情節記憶是比較適合他們的，因為它包含相關的上下文、圖像和非語言性記憶方法的途徑。學生如何傳輸或編碼的方式，以決定知識儲存的地方（Marzano, 1992）。

 ## 語言型態

　　學校的教學大部分是透過語言型態來處理口語及寫作，將知識編碼成記憶於大腦的網絡。其中之一是敘述性網絡，它包含事件本身和事件延伸出來的訊息。例如：學生參訪博物館的戶外教學，一位博物館導覽員為他們說明各項工藝品。知識以語言的方式傳遞，與參觀博物館的事件連接在一起。

　　第二個網絡是程序性的網絡，它包含完成歷程的知識。例如：一位數學老師給學生問題，並提供解決問題的知識。

　　回想討論過的敘述性及程序性目標的知識。敘述性目標是處理「要學什麼」。當這些目標以語言型態呈現時，即是敘述性網絡中的一部分。程序性目標只能在程序性網絡中完成。並非所有的目標都在語言型態中執行；以下是其他兩個形式的例子。

 ## 非語言型態

　　這個形式將體驗傳輸至大腦，當作是「心智圖像、嗅覺（聞）、動覺（觸摸）、聽覺（聲音）和味覺」。教師利用強力的圖像組織表，幫助學生透過形式將知識編碼。

 ## 情感型態

　　情感型態能將感覺及情緒編碼。情緒對大腦具有最強烈的影響

力，如果教師在教學中加入強烈的情緒，學生會將知識記得久一些。其中之一的原因是，我們大部分的人會永久記得 2001 年 9 月 11 日的事，是因為我們對此事件擁有強烈的情緒反應。

目前為止，我們討論過感官資料進入大腦的情形，它需要以某些方法來重複練習；及重複練習後，如何編碼儲存於長期記憶。圖 1.2 以圖像方式呈現整個過程（以非語言格式）。

所有的知識不會儲存於大腦的同一地方。最近研究發現有五種儲存途徑，或許有更多途徑，但至今確定的有五種。

語意記憶

語意記憶的途徑常常包含事實、字彙及文句的條列。這是課堂上最常用的記憶途徑，卻是最沒效率的途徑，也是學生難以回憶事實和情節訊息的原因。重複練習對知識的提取很重要。知識必須不斷的重複練習或進行相關的比較或相似點的刺激（Sprenger, 1999）。藉由新舊知識的連結建立一個知識網絡。於是大腦遇到新的訊息時會問：「舊知識裡有什麼可以跟新知識連結呢？」這也就是為何教師需要想辦法將新單元連結至學生已知的部分。例如：一位小學老師正在進行

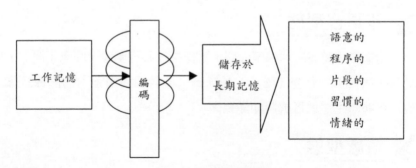

圖 1.2　記憶的途徑

「探險家」的單元，但是學生缺乏探險、尋找新大陸的經驗，也不是和這群冒險家生於同一時代。教師如何將新學習連結至舊經驗或舊知識呢？於是她帶領學生繞行校園，進行「清道夫」的活動，尋找特定的東西或知識。藉由這個活動來理解探險家做些什麼事。她問學生是否曾經與父母都未曾去過的地點旅遊或度假？並討論新的經驗。學生亦可參考課外書籍，例如《如果你曾到過五月花》（*If You Had Been on the Mayflower*），刺激學生的經驗。這些書可提供建立大腦連結的起始活動。美國公共廣播網（Public Broadcasting System, PBS）的網站提供相當豐富與優質的圖片，教師可以上網下載相關資料作為教學的素材。

情節記憶

這個強力的記憶系統有時稱為脈絡化或空間記憶。如同名稱所指，情節記憶系統依賴情境或學習知識當時的景點。情節記憶系統讓我們能在事件發生多年後，依然歷歷在目——尤其與情緒反應相連結時，更是永生難忘。課程包含語意知識，如字彙、事件、日期、人物和喜好，教師使用故事情境來幫助學生將知識放置於情節記憶系統，而非語意記憶系統。例如：教師透過按照主題或章節不同，以不同的顏色標示字彙單，讓學生牢記字彙。顏色標示給予字彙相關情境。編排一個以字彙為主的故事，也是幫助學生記憶的另一種方法。故事能提供字彙情境。出身貧困的學生，尤其是那些來自城市貧民區的，若教師以情境式的方法教導他們時，學習成果最好。像在美國有些學生的母語並非英語的學生，需要另外英語學習者（簡稱為ELL），居住在城市裡貧困的學生通常缺乏在課堂上正式的演說機會，因此需要以正式口語的形式儲存相關的知識。一位在加州教解剖學的老師與我分

享他如何創造一些情節來幫助學生學習身體部位的名稱，以及如何利用相關的知識編織故事。他告訴學生關於一個人在寒冷的冬天被雪堆困住的故事。他從車子出來，並試著推車，但卻無法移動。這個人又到車子前，試著拉它。可是拉車比推車更難。故事就是這樣。他說當他運用這個技巧，他的學生能夠回顧知識的能力大幅提升了。這位老師利用存於語意記憶系統的真實知識（無法有效記憶）和運用於情境（於程序性系統，有效地提取回顧知識的教學技巧）。其他幫助學生記憶的其他策略如下：

- 將知識具體呈現在教室中，讓學生一目了然。教室裡超過80%的學生是視覺型的學生。只要將知識放在教室看得到的地方，就能幫助學生記住知識。
- 透過故事、顏色標示、圖片、音樂或象徵物，給學生適當的情境。例如：我通常使用紙卡框架，上面寫著「參考框」，讓學生以不同觀點進行討論或複習知識。為了布置一個便於教學的環境，我將學生分組，每組都有一個框架。其中一個框可能寫著政客，另一個寫著新手父母等等。每組負責以人的角度，或分配到的人物角度看待環境的議題。框的目的是給予知識一個情境。當學生不記得答案時，只要說：「記得答案在工廠老闆的框上。」提供知識系統的暗示，來回想正確的答案。

程序性記憶

如同名稱所及，這個記憶系統是處理儲存在小腦的過程或歷程。程序性的例子包含開車、投籃。一旦這些過程已學到像自動化一樣精熟時，我們不需中途停下來，回想所有的過程再接續做出反應。這個記憶多是處理身體的動作，如身體活動。

自動化記憶

有時稱為「制約反應」記憶，這個記憶系統位於小腦。根據 Sprenger（1999）的說法，自動化記憶系統包含解碼及增值的能力，並非理解能力。它透過重複練習及使用的方法讓技能變成自動回應。

情緒記憶

情緒記憶是大腦記憶系統中最具威力的記憶系統。情緒能讓記憶能力增強，或是阻斷其他記憶系統。這記憶系統位於大腦杏仁體，他會主動確認進入的訊息是否有情緒成分。Margulies 和 Sylwester（1998）列出基本的情緒：喜悅、害怕、驚奇、悲傷、厭惡、贊成、期待和憤怒。因此，教師可在學習活動中加入一些情緒的型態，幫助學生將學習訊息記得更牢固。

在這本書中，我們將檢視那些幫助教師傳達目標給學生的策略。本書的目的是，教學策略是在教學上提供意義及連接思考系統方法的最佳做法。教學策略有可能是圖像組織法、過程（如明示教學）或方法（如合作學習）。

好的教師應有許多不同的教學策略，所以他們能檢視和視需要修正教學，並能有效地傳達知識給學生。運用 Sprenger（2002）、Tileston（2000）、Jensen（1997）和 Marzano（1998）的大腦研究報告，教學前要做更清楚的抉擇。圖 1.3 是依照大腦學習及記憶方式的教學計畫。在以下的章節，我們會討論實行這計畫的各項元素。

好的開始堪稱學習的墊腳石，包含建立有效及積極的學習風氣、課程起始結構，以及教師如何介紹課程。這部分是很重要的，因為這會影響學生決定自己對這門學習領域的學習態度。大腦的自我系統決

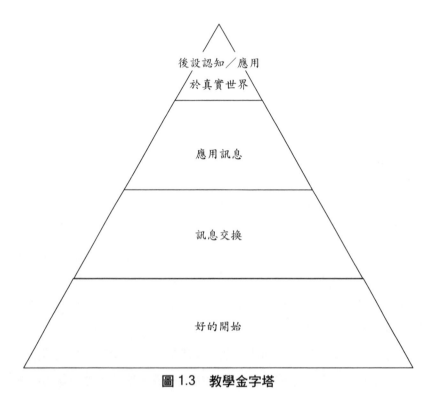

圖 1.3　教學金字塔

定學生是否積極參與學習、學生是否願意投入新的作業。我們可使用特別的方法來幫助活化大腦中自然原有的動機。

　　金字塔的第二層級包含敘述性知識，以便傳輸和儲存學習。對學生而言，事實的知識是最難自長期記憶中提取的。因此，教師的重要職責就是將這類知識以一種記憶型態進行教學，幫助大腦有效提取訊息。

　　第三層級是呈現事實的知識（敘述性目標）之後。這個層級處理

在大腦的自我系統和後設認知系統，強化學生在情境中運用知識能力的程序性目標，包含幫助學生建立個人學習目標，以及執行那些目標，即使在遭遇困難時，也會徹底執行。這時，教師運用特別的方法，能讓整個過程進行順利。

最後一個層級是後設認知或處理和評量學習。這是最重要的學習歷程之一，而事實上緣於授課時間不足，又要教那麼多內容，經常是在匆匆趕課的情況下，而忽略了這部分。藉由提供學生足夠的時間運用後設認知，我們可讓他們確定學到了什麼、如何習得、如何在真實世界中運用學到的知識。

在以下的章節中，我們會檢視金字塔的每個層級和詳盡的教學策略或方法，以供我們使用並幫助學生一開始即能成功的學習。

2

為好的教學開始選擇
有效的策略

　　神經科學已為有效的教學策略開啟了一扇門。有些工具可有效的幫助學生在真實情境的脈絡中，習得並應用知識。在第一章中所提及的學習金字塔圖表，已在我的另一著作《與眾不同的教學策略》（*Strategies for Teaching Differently*）（Tileston, 1998）中首次介紹過。初始的學習活動位於金字塔的底部，這個活動對集中學生的注意力是很重要的。另外，老師也藉由初始活動確認學生已經知道哪些相關的學習內容，作為老師設計後續活動的參考（見圖 2.1）。

好的開始

- 好的設計
- 生理狀態
- 情緒狀態
- 班級的初學者
- 活化預備課程，建立連結

圖 2.1　好的開始

好的開始

在我的兩本著作中，《所有教師都應該知道的事——教學計畫》及《所有教師都應該知道的事——學生動機》，提到學生在教室裡身心狀態的重要性。如果學生在教室裡感到不自在，覺得自己無法被接納，那學習將無法有所成就，教學／學習的過程將會受到極大的阻礙。好的起始活動，是在學生進入教室之前就得開始進行的。活動開始於設想周到的計畫，包含空間的設置，以及面對學習的積極態度。雖然關於教學流程的這個部分，已在我的其他著作中闡述過了，我將不在這裡詳細說明，下列敘述就當作關於好的開始活動——氣氛方面——的摘要：

- 站在教室門口，你以學生的觀點來看看教室。想想教室內是否有具體的，可以吸引人的事物，像是顏色、氣味、聲音和有趣的事？我們或許沒有權力改變教室的顏色，但是我們可以在牆面上、天花板上、地板上、公布欄裡，及其他地方稍加裝飾，即可增加學生的視覺刺激。這個方法可應用於小學及中學的教室裡。如果我們為了改善教室裡的氣味而燃燒蠟燭，我們可能會讓全世界的消防隊長感到焦慮不安；不過我們可改用其他的方法。負離子噴霧劑讓教室的空氣如雨過天晴般清新，也可以將放在車上的小硬紙片做的芳香劑吊飾拿到教室裡改變教室裡的氣味。曾有一位大學生在聽我講述有關生理環境課程後，她跑來告訴我，她決定在中學的數學教室內使用這種吊飾。她但是她沒把握學生會不會注意到教室裡的氣味變了。於是她買了一種汽車用的肉桂香味紙卡把它掛在教室裡。她驚奇的發現，幾乎每位學生進到教室裡，都不禁稱讚教室裡美好的氣味。至

於這位老師為什麼決定要盡力做這些小妙方呢？那是因為老師明瞭大腦裡有自主系統的活動，對教室的感覺和學習有直接的關聯。學生在教室裡越感到自在，越能在學習開始時集中注意力。

- 什麼樣的教學結構能確保學生在小組、兩人一組或大團體中擁有共同學習的機會？一個有效的學習環境，須利用適當的團體合作活動、競爭活動或個別獨立活動來進行學習。根據大腦研究的結果，我們知道 15 歲及 15 歲以上的學生，對上課聽講能持續專注 20 分鐘。這表示高中老師靠大量講述的方式來教導敘述性的事物，只能最多抓住學生 20 分鐘的注意力。15 歲以下的學生，根據我的經驗法則，可以用年齡作為依據，如面對八歲的學生，我會要求自己進行學習活動前，講述的部分不超過八分鐘，或者我會改變教學的方式，學習刺激不是端賴聽覺，打斷聽覺刺激，活絡需要其他感官活絡的活動。

- 根據 Jensen（1997）的說法，至少有 87% 的學生，是屬於視覺學習型的學生。教室裡提供學生「看」的學習，比靠聽覺學習的方法，可能較符合學生的需求。大約 98% 的訊息是透過視覺進入大腦中，大部分的人是按照自己的偏好來獲得訊息。這不表示我們不能用其他方法得到訊息，只是偏好的方法讓我們感到舒適。不同學習型態的概念對我們教導那些對吸收訊息有困難的學生而言極為重要。Jensen（1997）建議我們須事先了解學生的學習偏好，依他們的學習偏好來指導學生。視覺型、聽覺型、動覺型是教室中主要的三種學習類型。一個有效學習的教室理應提供學生可聽、可看、可觸摸到學習材料的機會，同時也提供學生口頭討論及在教室中肢體伸展移動的機會。其

實教師對教室裡學生的常規一直無法有效的管理，原因可能出在老師太依賴聽覺式的教學。幾年前，我參與一所校舍面臨重建，問題重重的高中，我發現這所高中的問題不只是學生的學習問題，還有中途輟學、對學校的認同態度和出席率等的問題。在校務診斷後，首先建議這所學校必須要做的第一件事是改變對學生的授課方式，即多採用視覺及肢體動覺的教學策略。這樣的建議讓老師十分頭疼，它幾乎破壞了老師在班級經營的紀律問題。學生可以在團體活動時，毫無顧忌地與人交談，進行兩人配對小組的活動，學生可以在教室裡移動或在座位上參與活動。學生不做的這項行為不會變成師生在教室裡產生無聊氣氛的原因，而知識也不是單一來自於老師或課本。執行了幾個月後，我問一位數學老師：「什麼是讓她最頭痛的教室常規問題？」她想了一下回答我說：「如果有的話，我想應該是學生在第一節課上課遲到。」她說她漸漸感受到我們不需要來自全國其他地方老師的同情。

- 結構（structures）不只用來辨識重要的行為，也是直接教導並示範學生可接受的行為。這些不只要直接傳授給學生，而且要評估並要每天強化它。

- 學生進入教室時，即包含了開始學習的第二項元素。我曾經遭遇過，上課鈴聲響了，我的學生還在走廊上吵吵鬧鬧，慢條斯理地走進教室內。在教室裡我試著回答每位學生的問題，對曾缺席的學生談話，當打開教材準備開始上課時，學生就擺明了不做作業。有時他們不做作業不打緊，還在教室裡大聲吼叫，爭論或移動桌椅。但是現在，當學生走進我的教室開始上課，不管遲來的鈴聲響了沒，只要學生進入了教室，我就開始上課。

　　一般我會先以小遊戲或猜謎活動作為課程的開始，這些腦力激盪的問題可能是與前一堂課的內容有關，也有可能是與今天的課程有關，或許只是單純地想提升學生腦部的含氧量。這些小活動可利用投影機、白板來呈現，可事先呈現給學生，或當學生進入教室後再提出來。有時我會以小組方式、兩人一組的方式或個人的方式解題。有時我會出一些較有難度的問題，讓學生花上一星期的時間解決問題。市面上現在有許多書把這類活動當作是一般或學科領域的活動。有一些網站提供相當優質的破冰活動。這些讓他們動動腦的小遊戲或猜謎活動大約需要花掉五至十分鐘的時間。有時我會計分，但大部分是不計分的。我們發現這樣的活動會促使學生準時進入教室，因為我們不允許學生延長時間來解題。在我的《與眾不同的教學策略》（Tileston, 1998）一書中對猜迷活動已做詳細的探討。

　　第三部分是「介紹課程」，這個步驟對學生的學習是非常重要的。有許多相關研究指出：課室裡的學習，最重要的部分是要給學生任務，透過任務的承擔提供學生參與學習的機會。Jensen（1995）指出在進入正式課程前，為學生說明課程內容，是告知學生今天上課要學習的內容，將教師的教學計畫公開讓學生知道，達到共同經營與參與學習。Jensen認為經由介紹課程，可協助學習較慢的學生事先知道學習的基本概念，有助於後續的學習。Donchin（引述 Jenson, 1998）在他的研究也發現，當大腦接收新訊息時，在所有知識情節未到齊前，大腦會先將新訊息放在一旁的緩衝區，如果訊息尚未拼湊完整時，訊息將會不連貫或順序錯誤，而導致無意義的學習。

　　下一個「好的開始」的元素稱為活化先備知識。根據 Marzano（1998）於 McREL（Mid-continent Regional Education Laboratory）的研究報告指出：在課堂開始的時候活化先備知識，可以讓學生的學習

產生強烈的影響。事實上，如果你在一個學生掙扎學習的教室中教學，只要在課程中加入這樣的策略，就會明顯的提升學生學習的程度。Jensen（1995）舉了一個例子：曾有一位教授一開始上課時，省略暖身活動，也沒提及與新學習連結的話題，就直接教新的知識。課程結束後，他對他上課的狀況感到不知所措和擔憂。Jensen說：「許多應該表現不錯卻表現不佳的學生，是因為新教材看起來是無關的。要提升他們的學習表現，是需要將學生的先備知識與新知識進行連結，不然可能會大大的降低學生對新知識的理解與學習的意義。」教師連結學生已知或曾學習新知識的經驗來活化先備知識，延伸的程度依賴兩個因素：第一，舊經驗對新知識的學習經驗產生效果。第二，新知識在未來實用的程度（Tileston, 2000）。我們可能在教授新技能前透過討論當作活化先備知識的活動。我們所記得的過去經驗的程度，將會影響我們連結新知識的程度。在我第一次上統計學的課程時，班上大部分是進修學位的教師。第一個晚上，教授在茫然的眾人目光中，快速的了解到，如果要上完第一課，就要再幫我們複習代數。大部分的我們，很難記起多年前在大學時代已修過的代數。因為我們沒有足夠的先備知識，所以教授必須重建學習的連結，這種情況也常發生在教室裡。我們都遇過這種情況：教新課程時，才發現學生缺乏先備知識，或是只有一點點。若遇到這種情況時，我們必須為他們建立連結。例如：在一個跨學科的單元中，主題內容教到有關「雪」的形式，我不會假定我的學生已經知道雪，除了像童語般的「冷冷的」、「軟軟的」、「濕濕的」和「可以玩」，他們可能不知道天空中的水氣剛降下來的是雪，根據水循環，降下來的也可能是雨、雨雪、冰、霜等等。他們可能沒靠近的仔細觀查過雪花，雪花的形狀是幾何圖形。當我們了解雪花固定的形式後，我們可以開始做正確的預

測，讓大腦產生連結，形成知識的整體結構。我藉由閱讀一本不錯的書《雪花人班特利》（*Snowflake Bentley*）（Martin, 1998）來作為開始，這是一本關於 W. A. Bentley 的書，他是第一個拍攝並研究雪花形成的人。或者，我可能先拿 Bentley 出版的《照片中的雪花》（*Snowflakes in Photographs*）（Bentley, 2000）的雪花圖畫展示給學生看。

「好的開始」的最後一項元素是吸引學生的注意。根據 Jensen（1997）的說法，有三種說法可吸引學生學習：

1. **建立連結**——大腦會尋找連結。當接觸到新的訊息時，大腦會做的第一件事是找出先前的經驗或訊息來連結新的訊息。如同先前討論的部分，教師可在介紹新訊息時直接引導這樣的連結。當沒有自然的連結時，我們可以創造一個讓學生產生意義的連結。

2. **情緒**——情緒是大腦中強烈的影響力之一。它能在面對危險時擁有關閉任何事情的力量。我們得以成為生存物種的原因之一，是我們的大腦有一種很棒的能力能決定還擊或逃跑。Jensen（1997）說：「如果在學習裡加入一些情緒的話，有助於大腦釋放出一種化學物質，會對訊息加以註記，並標示其重要性與意義性。」為了促進學生正面積極的學習情緒，我們常會利用音樂、緊張感、服飾、多媒體和許多其他的策略加入學習活動中。當我們在學習過程中，加入越濃厚的正面情緒，學生則越能記得難以記憶的敘述性知識。對學習產生濃厚的學習情緒，可幫助我們記憶。你曾經對某件事感到興趣而忘了時間嗎？當你被要求必須停止做這件事情時，是否感到失望與無奈？若是如此，你可能對你正在進行的事情擁

有高昂的正面情緒。你喜歡你做的事，這時學習可能會很有趣、令人感到好奇、充滿緊張、對個人產生價值感，或者有獨特的感覺。

3. **關聯**──關聯不只是讓學習變得有意義，也讓學生個人覺得有意義。敘述性的知識，在於如何幫自己達成個人的目標？不管這些目標簡單如預防在街上被騙而選擇進入學校。Jensen（1997）說：「為了讓訊息有所連結，它必須與學生已知的事物相關。它必須活化學生現有的神經網絡，學習時產生很多與舊經驗有關的連結，學習就變得很有意義。」我們要求學生寫下他們的學習目標，這也是給予學生學習的關聯性。例如：教師應提供國家的學習目標，和教師的單元學習目標給學生和家長了解。學生應意識到這些目標，也應根據目標來衡量自己學習的狀況，除此之外，指導學生創造他們自己的學習目標，是為了連結學生個人對自己學習目標的需求，也受到後設認知系統的監視。

讓我們一起來檢視「好的開始」中關於教學與學習的過程，著重在大腦如何學習、歷程和記憶的研究。「好的開始」直接與思考的自我系統相關。它是第一個包含在學習歷程的三個思考系統中。動機可使課程開始進行，開始做一項功課、專心學習。這都在這強力的系統監視下。

自我系統

自我系統（self- system）是由態度、情緒和信念所組成，這些都是心裡內在的動機。這個系統決定學生是否可專心上課、做作業投入或完成作業的動力。自我系統含有四項元素，每一項元素對學生的動

機都具有重要性。

　　第一個元素是重要性。為了讓學生專心，他們必須相信知識或作業與他們有關，而且能了解完成知識或作業是很重要的。有許多策略可幫助學生決定學習的重要性。這裡有些方法可供參考：

1. 簡單的告訴學生，他們為什麼要學習知識。畢竟你可以把其他的概念或想法教給學生，那為何你特別挑選這個部分的知識來教導他們？如果可以的話，告訴學生國家的學習目標是什麼，你是如何依據他們的年紀和年級來闡述這些目標。例如，在 K 至十二年級的國家學習目標及課程中，幾何學屬於必修課程，雖然三年級的幾何學與十年級的幾何學截然不同，但是都不可或缺。

2. 請學生將學習的內容與已知的部分做對照與比較。這可以幫助他們了解技能是如何架構起來的，也讓他們了解他們要移往複雜的新層面。表 2.1 顯示，組織表是用來幫助學生在這活動中的思考。

表 2.1　訊息組織表

先備知識	相似度	新知識

3. 建立同理心。課程開始之前，先以故事引導，詢問學生是否曾有與朋友意見不合的經驗？問問他們發生的事，他們是否有機會證明自己是對的？他們是否試著用情緒或邏輯思考的方式來證明？先閱讀一頁 Mona Gardner 的短篇故事「晚宴」

（*The Dinner Party*），故事意外發生在 1940 年代，一位女人試著說服那些生長於傳統年代的人。你甚至可能為了增加懸疑性，只唸了第一段，並問學生根據他們目前知道的部分來預測結局，故事唸完後，再請學生比較他們所預測的和真實故事的異同，以及請他們尋找導致故事結局的線索。

4. 給予真實世界的相關脈絡。告訴學生如何在真實的世界中運用這些訊息。如果你無法提供在真實世界中使用這些訊息的方法，就再重新思考一下課程。如果無法運用在真實世界中，我們為何要教這些訊息呢？

5. 製造心智上的混亂。告訴學生他們所不知道的或疑惑的事，來引起他們的好奇心。我們給一些相關的訊息來釐清學生困惑的部分。我有時會運用一個叫做「之前之後」的策略。我提供一個語言性組織表，表的右邊列出要學習的片語或字彙，左邊有兩欄，第一欄是標示「之前」，我要求學生看右邊的片語或字彙，然後在「之前」的那一欄填上「對」或「錯」，「之前」是代表學習之前。在完成課程之後，我要求學生回顧「之前」的欄位，在「之後」欄內填上「對」或「錯」。表 2.2 是「之前」和「之後」的一個例子，是我在教的一本很棒的書《鐵達尼探險》（*Exploring the Titanic*），作者是發現鐵達尼號的人──Richard Ballard。

6. 相關性呈現的最佳方法是，經由我們的態度、情感和肢體語言來顯示。當我們深信學習是刺激又有趣的，學生也會如此深信著。根據 Jensen（1997）的說法，當我們在教學中，學生的大腦會將我們的肢體語言作為吸收訊息的優先選擇；說話的語氣、音量和節奏則是第二順位；學習的內容和選用的

表 2.2　「之前」和「之後」的例子

學習前	學習後	敘述
		1. 在鐵達尼號建造完成的 14 年前，有一本關於一般擁有「永不沉船」封號的船的書，因船上沒有足夠的救生艇，所以導致大部分的船員和乘客難逃死劫。
		2. 在鐵達尼號上，人們覺得透過船上的總機傳遞訊息給美國的朋友是一件很酷的事。
		3. 沉船當晚，加利福尼亞號曾警告鐵達尼號上的接線員，在前頭有大冰塊。疲倦的接線員告訴加利福尼亞號的接線員「閉嘴」。
		4. 當沉船時，只有頭等艙的旅客被救起。
		5. Robert Ballard 發現鐵達尼號。
		6. 鐵達尼號上的兩位廣播員，要讓廣播保持整天播放。
		7. 疲憊不堪的廣播員，促成沉船事件的發生。
		8. 當鐵達尼號沉船時，加利福尼亞號離它不到 20 哩遠。
		9. 鐵達尼號的船長相信，鐵達尼號是不會沉船的。

字彙是最後的考量。所以，我們說話的方式比我們說話的內容還來得重要。

第二項元素是「效能」（efficacy）。「效能」是指學生相信他們能完成任務，或能學習訊息。這信念的基礎來自於過去的經驗。「自我效能」（self-efficacy）具有強大的力量，因為它不只是基於對自己的感覺，也是基於事實。「我相信我能做到，是因為我曾在數學上有好的表現。」這是一項學生體驗成功經驗的重要因素。成功經驗會製

造更多的成功。增進學生建立「自我效能」的方法包含：

1. 提供學生成功的機會——甚至在增長的階段。先由簡單的任務和問題開始，然後慢慢增加複雜度。

2. 時常提供回饋，或詳細的回饋。一般而言，用「做得好」的句子來讚美學生，對他們的學習只有極少的效用，學生需要知道他們在做什麼，需要知道他做了什麼正確的事，什麼事需要努力，和他們如何做判斷。

3. 提出問題後，給學生足夠的反應時間。對學生問了問題後，試著這樣算，1、100、2、100、3、100，給學生相同的時間反應。我們害怕學生不知道答案，所以很快的進行課程，也造成了我們的緊張。

4. 給予部分正確的答案一些分數。當學生感到困難時，給學生一些提示。

5. 給予學生「大家是一同學習」及「不知道答案也沒關係」的氣氛。嘗試是一件很重要的事。

第三個元素是情緒的反應。許多研究者相信，情緒是大腦中最強的驅動力。當學生在強大的壓力下，情緒能關閉大腦的高階功能，它也可以強化學習，記憶得更清楚。在教室中利用情緒的方法包含：

1. 音樂：適當帶進歷史中不同的聲音、城市中不同的語言、促進機能的音樂、安靜的音樂、慶祝的音樂和有趣的音樂。例如：上課結束時，播放「快樂火車」或「我生命中曾有的時光」的音樂。Kay Toliver 在 PBS 系列的「早安托利佛小姐」（Good Morning Miss Toliver）中用唱的方式介紹課程。例如中學生介紹分數時，她穿著披薩師傅的衣服，唱著義大利歌曲。每當她的學生吃披薩，聽到義大利音樂，或看見廚師的

帽子，他們都會想起分數。這個做法真的令人印象深刻。

2. 服裝：Kay Toliver 總是會帶些教具進教室。她這樣做不是為了吸引學生注意，而是幫助學生長期記憶所學的知識。如同我之前說的，記憶系統內對敘述性知識的記憶是最沒效率的，它必須要透過連結來學習，否則吸收的訊息只是噪音。

3. 利用符號來學習。Edward deBono 寫了一本《六項思考的帽子》（*Six Thinking Hats*），這是一本運用符號來學習和區分學習的典範。每小組都擁有一頂不同顏色的帽子，而每一頂帽子有不同的顏色和不同的含意。例如：黃帽組可從積極正面的方向來看一項議題。有什麼好處？可得到什麼？可能有什麼正向的結果？紅帽組可由情緒的方向看一項議題：我對這議題有何感覺？教室中每頂帽子各扮演不同的角色，紅帽代表情感、黃帽代表積極正面、綠帽代表創造，諸如此類。我使用這方法一段時間後，學生都知道各頂帽子的意義。另一個方法，我用圖框顯示關聯性的框，鑰匙表示理解的重點等等。我裁了一些卡紙（可方便舉起來）護貝起來，所以我可以一再的使用它。因為這些符號連結了真實的知識，也幫助學生容易記憶。

4. 戲劇、模擬、答辯式的問題、和學生互動，也是屬於利用情緒來學習的方法。

第四項元素是包含一切的動機。當學生相信學習很重要，相信自己能完成學習，有正向的情緒，就會產生包含一切的動機。

圖 2.2 是非語言性的典型例子，顯示動機在自我系統的重要性。

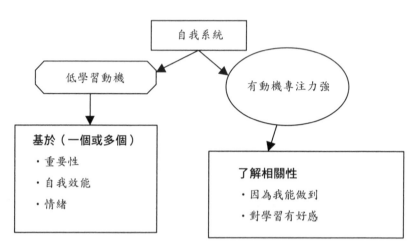

圖 2.2　動機在自我系統的重要性

3

敘述性的訊息──
有意義的教學

教學金字塔的第二個元素是訊息的交換（Tileston, 1998；見圖3.1）。教學的過程中，傳達給學生的敘述性學習目標來自於教師、學生自己，或是來自於媒體。所謂敘述性教學目標是指教學內容要「教什麼？」的目標。我希望學生在教學／學習的活動中，知道要學習「什麼」。

如果你希望學生能夠把教學內容記憶下來並儲存在大腦裡，那麼我們老師是需要想一些辦法幫助學生容易處理並儲存這些訊息內容。記憶訊息內容的關鍵在於活化學生舊有的知識，與新訊息產生關聯與意義，因此，當我們說明敘述性的知識時，如何將這些內容與學生產生意義的方法便顯得格外重要。因為大腦對有意義的訊息內容才能產生記憶的作用，否則大腦會自動刪去這些陌生無意義的訊息。且大約會有98%的知識被當成是「不重要」或「無意義」的耳邊風無影無蹤地消失。

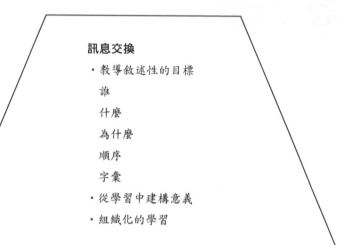

訊息交換
- 教導敘述性的目標
  - 誰
  - 什麼
  - 為什麼
  - 順序
  - 字彙
- 從學習中建構意義
- 組織化的學習

圖 3.1　訊息交換

 建構敘述性知識的意義

　　Marzano（1992）說：「建立意義的背後驅動力，是運用已知的訊息來闡釋正在學習的事物。缺乏先備知識來闡釋新的學習，將對新的學習無法產生意義。」

　　有些策略可以幫助老師了解學生的先備知識：

- 藉由討論或提問：例如，揭示組織圖表，運用「之前和之後」表格，確認學生是否具有該學科的先備知識。在第二章裡提供的例子，是利用「之前和之後」來學習有關「鐵達尼號」的知識。

- 「我們寧願……」的策略受到 Whisler 和 Williams（1990）的大力推廣。這策略是在學生學習之前，用來建立同理心及懷疑的意念。表 3.1 是用於指導高中生學習 O'Henry 的短篇故事「二

十年後」的暖身活動。活動主要的內容是，學生要對每一句敘述句做決定，並在連續線上寫下的程度。例如：如果學生的決定是要背叛一起犯法的老友，那麼他們大部分會選擇「會做到」的那一邊。

表 3.1　「我們寧願……」O'Henry 的「二十年後」

會做到	不會做到
指導語：現在假想你是一位警察，二十年後的某一天，你要與一位朋友碰面了，在偶然的機會中，你發現這位朋友是一位通緝犯，這時候你會怎麼做……。	
1. 記得二十年後與朋友有約。	
2. 假裝你是別人，讓朋友認不出你。	
3. 告發這位犯法的朋友。	
4. 請別人逮捕你的朋友。	
5. 自己逮捕朋友。	
6. 告訴你的朋友，你已知道他被通緝。	
7. 離開現場。	

　　學生閱讀由 Graeme Base 撰寫的書《第十一個小時》（*The Eleventh Hour*）。表 3.2 即提供一個基本的例子。書中是關於 11 種動物用 11 個遊戲和 11 種食物來慶祝第十一個生日。當大家正在玩 11 個遊戲時，有人吃掉了食物。

　　「任何策略的重點，在於學生學習新內容前，負責教室學習活動的老師要想辦法幫助學生想起先備知識，並且讓他們有機會運用先備知識來理解新的學習」（Marzano, 1992）。

表 3.2 「我們寧願……」Graeme Base 的《第十一個小時》

會做到	不會做到
指導語：現在你邀請朋友一起來開生日派對，但是在派對開始前一刻，你發現食物不見了，你會如何處理？ 依照你會做到或不會做到，重新排列下面的活動。	
1. 大哭。	
2. 送每個人回家。	
3. 個別詢問每個人。	
4. 找出偷食物的小偷。	
5. 再做一些食物。	

 ## 組織敘述性的知識

「所謂組織是指包含以主觀的方法來呈現知識。其包含定義訊息是否具有重要性，然後產生知識所代表的語意或象徵」（Marzano, 1992）。這些呈現方式如下：

- **模式**（models）——腦中的科學模式或數學的圓柱體，是真實的模式。當我們運用戲劇讓學生參與話劇、故事或歷史事件的演出，我們就是運用學習的真實模式來幫助學生形成一個屬於個人腦中的視覺影像。公式也是模式，學生真正了解公式的關聯性並發展自己的模式之前，公式並不是學習上真實的表現。例如：2+2 對小學生而言是一種模式，但是在學生實際看見 2 個物品再加上 2 個物品之前，這公式是缺乏內涵意義的，就只是一個公式。親眼看見或實際操作 2 個蘋果加上 2 個蘋果，才是學習的模式。

- **型態**（patterns）——當大腦接觸新的知識時，第一件執行的

事，是尋找固定的形式或先備知識來連結新的知識。我們可以
幫助大腦形成型態，對新知識產生意義，並能藉由組織表所提
供的型態讓知識容易傳輸。「型態」通常不是語言性的（倚賴
大量的文字），就是非語言性的（倚重型態大於文字）。大綱
是語言性型態的例子，心智圖是非語言性型態的例子。在第五
章裡，提供變化性的圖像組織表，可結合敘述性及程序性的目
標。

儲存敘述性的訊息

由於敘述性的知識難以在大腦中再次喚起（因為它必須要有連
結），所以我們必須以大腦能相容的方式呈現敘述性的知識。我們在
學校裡教的大多是敘述性的知識，這樣的訊息通常儲存於語意的記憶
系統。我們一起來複習這系統，來指引我們如何教導學生敘述性（實
際的）知識。

利用語意記憶儲存敘述性的知識

語意系統是儲存事實、字彙和字詞的地方。問題是，這裡的記憶
是所有記憶系統裡最沒效率的。若你試著記住一長串無用且無意義的
字詞，你就會懂得我的意思了。這部分的記憶區位於大腦的海馬迴。
這種記憶成為長期記憶之前，它需透過運用工作記憶來傳輸，以重複
和頻繁的使用，才能進入長期記憶。記憶法或死記字詞或許是有幫助
的，但最好的方法是掌握訊息，運用於其他的記憶區。例如，如果我
要學生記住單字的意義，我可用故事來作為引導。藉此，可把訊息傳
遞至情節記憶區，這區域是處理位置細節的知識。以下是我曾用在教
學上的幾個方法：

- **視覺的組織表**：非語言性的組織表，幫助學生以視覺來組織知識（大約 87% 的學生是視覺型的學生）。
- **同儕教導**：這個方法是運用其他的記憶系統，例如：情節記憶和情緒記憶。當我們教導某人時，我們會因此而記得起來。何時你能最了解你所教的知識（當你開始教的時候，你正在練習所學的）。
- **總結**：每次我們幫助學生將知識歸納成一種「形式」，或形成可管理的一部分知識，我們即是幫助提供相關上下文，並幫助學生將知識儲存於情節記憶中。
- **角色扮演**：這有力的策略將語意的知識放置於程序性的記憶系統中。
- **練習**：從語意記憶系統找回真實的知識，需要常常複習，也要多練習。
- **記憶法**：利用短歌、縮寫、故事等，給予敘述性知識情境，並將訊息轉移至情節記憶。

為敘述性訊息做好的選擇

在決定使用哪種教學策略前，首先要考慮我們想要完成什麼樣的學習。敘述性的目標讓學生知道他們將學習什麼，以便引發後續程序性的作業，像是解決問題、形成模式和概念的獲得。而提供知識的最基本方法，是透過單字。它是一個最重要元素，也是我們提供複雜性知識前的第一個步驟。如果學生不了解單字，他們將無法了解學習的概念。如果他們不了解學習的概念，我們無法期待他們能夠努力地學習如何解決問題。

敘述性的目標：字彙

根據 Marzano（1998）在 McREL 的研究，教學字彙的最好方法之一，是先簡短解釋字彙的意思，然後請學生以自己的話來描述字詞意義，並使用非語言性的策略，如圖畫或圖表來闡述字義。當學生經由學習之後，我們要讓學生有機會修正原先所闡釋的字義。

為了確定傳授給學生字彙的方式是有意義的，請看下列可能發生的狀況：

Margo Almond 老師要學生了解文學課中的字彙。

- Almond 老師向學生簡單描述每個單字。她透過討論、提供圖片或展示模型（如：cylinder 圓柱體的單字）的方法來進行。她用講義或小冊子，提供每個字義的文字敘述。在小學階段，Almond 老師要學生做一本字義的小書。在中學階段，她要求學生在筆記本上寫下字彙，並用先備知識來定義字彙，這樣她可進一步的確定學生對字彙了解多少。

- 學生用自己的話寫下定義，或畫出象徵性的圖案，來幫助他們記憶。在這階段裡，非語言性的組織圖，是一個增加字義很棒的學習法。表 3.3 是幫助任何年紀的學生，釐清學習的知識。這個強而有力的策略，幫助英語學習者不必依賴語言的方法理解及儲存知識。

- 當課程教學結束後，再回到字義的定義上，學生可再次修改他們原先對字彙的了解。

Almond 老師做了什麼呢？

- 她介紹了字彙，也給予簡短的字義解釋。

- 她提供了學生產生屬於個人的字義，以及將新知識形成「形

表 3.3 釐清訊息的表格

單字	敘述	圖示
悲觀主義	期待最糟的事	
賽車手	比賽的人	

式」的機會。這個案例中，學生畫出象徵物來幫助記憶。她可能運用其他的組織表格。重點是要把知識以「形式化」的方式呈現出來，如非語言性的組織表。

• 當學生學習之後，她把重點回到字彙上，來幫助學生增補自己的定義。

🖋 敘述性的目標：事實

Brown 老師要學生理解關於波士頓茶葉黨的事實。為了幫助學生記憶，Brown 讓學生進行四人一組的分組合作學習。每一組當中，一個人代表 Samuel Adams，其他人代表 Governor Hutchinson、Francis Rotch 及 King George。

• 每個參與者要研究各自代表的人物，並寫一段文章關於人物在波士頓茶葉黨裡的關係。每位參與者要與小組成員分享自己的角色訊息（用故事形式，把自己當成書中的角色）。

• 每位參與者用心智圖寫下分配到的歷史角色。圖 3.2 是一種心智圖的樣子。

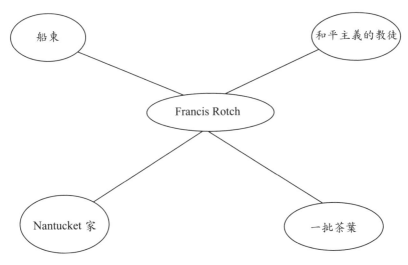

圖 3.2　波士頓茶葉黨心智圖

教師做什麼呢？

　　1.學生以故事的方式呈現知識（教師可能會有詳盡的敘述）。

　　2.學生將訊息以非語言性的格式呈現（教師也可能運用語言性
　　　的格式，例如：重點提示或大綱）。

 敘述性的目標：運用順序

　　如果學習的目標是要幫助學生理解時間線或事件的順序，無論是
故事、數學、科學體驗或歷史課中，組織表是一個（包含語言性或非
語言性的）能夠提供學生學習的好方法。「大綱」即是語言性組織表
的例子。學生可寫下他們的大綱或完成教師提供的架構。例如：小學
教師提供故事架構給學生，請學生以獨自或分組方式，填寫第一次閱
讀的知識。表 3.4 是關於一位女巫尋找製作「小豬派」原料的故事架
構。這本《小豬派》（*Piggie Pie*）故事書發行於 1995 年，是由 Margie

表 3.4　《小豬派》的故事架構

在第_____章節的故事是發生在_____

_____

_____是一個重要的角色，可以形容為_____和

_____。

在這章節裡，當_____時候開始行動。

接著，她_____和_____。

章節以_____

_____結束。

我預測下章節的情節是_____

_____。

Palatini 撰寫，Howard Fine 繪圖的。表 3.5 是二級生閱讀 O'Henry 短篇故事「二十年後」的文學報告卡。學生針對提供的元素在報告卡上，打上 A 至 F 的等第。這是一個將組織表用於評鑑等級學習的例子。

表 3.5　文學報告卡

文學報告卡		
獻給　　　警察		
在　　　二十年後		
主題	**等級**	**建議**
勇氣	D	他應先跟他的朋友談一談，他曾是要逮捕他的人之一。
一位好朋友	F	好朋友應試著告訴他的朋友，說服他要屈服。
觀察	A	在二十年後，他從犯人照片中認出他的朋友。
守承諾	B	他守著當年的承諾來到約定的地方，但在朋友被逮捕後才與他見面。
盡責	B	他對工作盡忠職守，但不是如此的對待朋友。

敘述性的目標：理解事件的順序

　　Brown 老師要學生依據波士頓茶葉黨的故事，將發生的事件按順序排列。她要求學生按時間線或以如下方的大綱方式排列：

- 英國及喬治國王的財政問題。
- 繳稅給英國。
- 遺漏決定的過程（無人抗議的課稅）。
- 印花稅法。
- Townsend 稅法。
- Samuel Adams 領導抗爭。

圖 3.3 表示知識順序的形式。

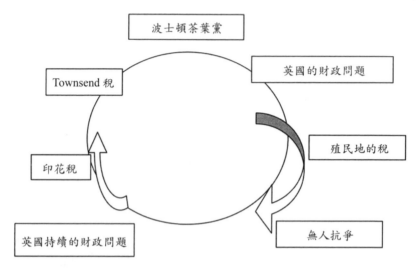

圖 3.3　順序

接著，Brown 老師要學生說出現在發生的或歷史上的其他事件中，關於人們對那些影響他們但未被告知的決定有何感覺。接下來，她問學生為何「學習」和「決定」是很重要的。

Brown 老師做了什麼？

- 她引導學生將事件排出順序。
- 她提供學生以語言性或非語言性的形式，排出順序的機會。
- 她引導學生藉由討論，來幫助他們了解這些事件的順序與其他事件的關聯（她引領學生從這個知識上討論骨牌效應）。
- 她詢問學生，若在做決定時並無發言權的話，他們會有什麼感覺？藉由這樣的提問來幫助學生產生學習與自己的關聯性。

敘述性的目標：組織資料或想法

Marzano（1998）建議，當目標設在幫助學生理解概念、歸納、原則時，有效的方法是先示範組織化的想法。這想法在學生於新的情境中運用概念、歸納或原則後，形成固定的形式。

敘述性的目標：教導細節

Marzano（1998）認為，當教學目標是幫助學生知道並理解細節的部分，最有效的方法是，先用故事或詳細的敘述來呈現，再要求學生用語言（重點、大綱）或非語言（如圖示、語意地圖、表格等）的方式詮釋他們所理解的部分。

心智圖常用於幫助學生理解訊息的細節。使用心智圖的規則如下：

- 在中心圓圈呈現一個大概念，若課程是著重在「辯論」的意義上，在大圓圈裡要寫上「辯論」。
- 外圍的每一個圓圈裡，寫上「辯論」的特徵。
- 每一個特徵用不同顏色寫上。
- 每個特徵不只用文字來描述，也需要用象徵圖示來描述。用象徵圖示和不同顏色的方法，來幫助大腦儲存知識，以便日後能容易喚起腦中的記憶。語意記憶系統不是很可靠，除非知識已建立了連結。
- 每一個特徵也還有各自的特徵。這些特徵可能會連結其他的特徵。心智圖的呈現方式可以簡單，也可以複雜。在我的著作《所有教師都應該知道的事──學習、記憶與大腦》一書中，我提及心智圖能提供敘述的系統，這種心智圖有可能會很複雜。

• 心智圖要呈現列出事物之間的關係。

圖 3.4 是「辯論」心智圖的例子。由於印刷內容的受限，所以副標的部分沒以顏色標示。

最後，可以利用情節記憶系統及自動化記憶系統，來擴增敘述性的知識。這裡提供一些方法，可供我們於課堂上使用。

情節記憶

情節記憶區位於大腦的海馬迴裡，這個記憶系統力量強大，如果加上情緒的因素，力量更大。情節記憶是處理「位置」相關的知識：你在什麼地方學習知識？你所學習知識來自哪裡？例如：知識是否公布在公布欄裡？事先將教材公布在教室的公布欄裡或白板上，再遮住或拿掉教材對學生進行測驗。在測驗當中，可注意有多少學生抬頭看公布欄或白板，以幫助記起學過的知識。將知識放在公布欄裡，讓學生看得見，這樣的方法即是幫助學生引發強大的記憶系統。這種記憶

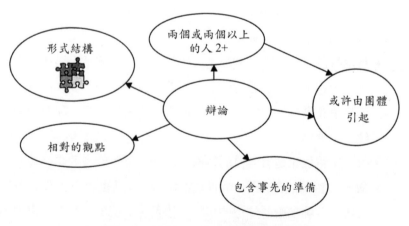

圖 3.4　有關「辯論」議題的心智圖

系統幫助我們記得歷史中的事件，如黛安娜王妃之死、美國 911 恐怖攻擊事件。我們時常會記得當事件發生時，我們所在的地點及周圍的人，即使是多年前發生的事。

這些方法都是使用這個強而有力的記憶系統。

- **公布欄**──每單元教學前，更換公布欄的內容，這樣就能幫助學生記憶學習內容。
- **改變教室裡的配置**──新單元教學之前，改變教室的配置，是幫助學生將知識放在自己當時學習的座位之情境中。
- **改變學生的配置**──新單元進行之前，改變學生分組狀態。
- **穿著特別的服裝**──PBS 系列「早安托利佛小姐」的作者 Kay Toliver，利用教具及服裝來教中學生學習數學。她戴著比薩裝飾的廚師帽，進行分數的教學。
- **戶外教學**──學生能從一個組織性良好的戶外教學中，學習到詳盡的知識，這樣的戶外教學具有相當大的助益。他們會因為學習發生的地點，而學得很好。不幸的是，許多戶外教學並沒有學習目標。如果沒設立詳細的學習目標，學生可能只記得在旅程中他們跟誰在一起，或跟誰說話。我提供一個「清道夫活動」給策劃戶外教學者參考，參加這個活動的學生必須要在戶外教學中找出特定的知識。
- **以顏色標示單元**──每個單元或字彙單上，以不同顏色標示就能幫助學生記憶。有時只要說：「還記得嗎？就在藍色字彙單上。」這就能幫助學生喚起記憶。
- **六頂思考的帽子**──Edward DeBono 發展出課堂上將知識分隔的過程。這是一個具有強大力量，可使用於任何課堂上的策略。請參考他的著作《六頂思考的帽子》和《在課堂上使用六

頂思考的帽子》（*Using Six Thinking Hats in the Classroom*）。

- **參考框**——我時常給我的學生卡紙，卡紙上面要他們以不同的觀點來看待給予的知識。例如：將學生分組，每組負責以卡紙上列出的觀點來看待知識。在關於「污染」的課程中，你要求一組學生依工廠老闆的觀點來看「污染」的問題；另一組以新手父母的觀點；另一組以政客的觀點……等。

程序性的記憶

這記憶系統位於小腦中，與身體的動作有關。開車就是一個例子。當你正在學開車時，你可能會注意鏡子、排檔等。你會一直練習到整個過程成為你的第二本能為止。現在，你進入到車子裡時，你已不需要對鏡子、排擋考慮太多。所以增加動作來活化這記憶系統，不但能無限的記憶，也能永遠記著。我針對這記憶系統所使用的策略如下：

- 重複
- 動手做活動
- 角色扮演
- 辯論或答辯式的研討
- 遊戲
- 肢體活動

自動化的記憶

自動化性的記憶也是位於小腦。有些研究者認為，這個記憶系統與程序性的系統一樣。這類的記憶與制約的反應有關。九九乘法、字母和解碼技巧都儲存在這裡，以下是幫助記憶的方法：

- 音樂。
- 韻文。
- 閃式卡。
- 饒舌歌。
- 串場音樂。

情緒性的記憶

　　這記憶系統位於大腦杏仁體，這個系統是最具強大力量的一個系統。它可關閉其他的記憶系統。如果你不相信我，下次當你遺失鑰匙時，在你能控制你的情緒之前，你可能無法用其他的記憶系統來幫你找到鑰匙。

　　當你加入情緒於課堂中，你會促進學生的學習與記憶。Marilee Sprenger（2002）建議教師在進行課程教學前，自問幾個問題：

- 語意記憶內容（教科書）——如何讓它進入其他記憶領域？
- 情節記憶內容（位置）——如何透過公布欄、傳遞感覺的工具來強化學生在這個方面的記憶？
- 自動化記憶內容（制約反應）——如何利用音樂來強化學習？
- 程序性記憶內容（肌肉的記憶）——如何讓學生在這單元中活動起來？
- 情緒記憶內容（感覺和興趣）——如何使用情緒來進行教學？

　　學生如何處理敘述性知識，對知識的儲存而言很重要。「處理」知識可透過簡單的記憶或做些事（程序性的知識）。根據 Marzano（1992）的說法，最不能幫助學生記憶的策略是口語練習。死背的記憶法，如一再的書寫及說出訊息，這些對學生的學習和記憶效果相當低。

　　詳述的知識對學習有正向的效果。知識詳細化的方法可透過圖示、組織表或簡易動手做。根據 Marzano（1992），全部的記憶技巧使用了一些詳細化的形式。形象化的描述是其中之一的方法。透過形象化的描述，學生可想像影像、聲音、氣味、味道、觸感。形象化描述可藉由文字的書寫、口說和眼觀的不同方式來刺激它。例如：教師說到關於 Walden 池塘的風景、氣味、聲音及視覺，來幫助學生看見那個地方及時間點。

程序性知識——
可行的教學策略

　　我們指導學生敘述性目標之後，要讓學生有機會在學習過程中顯示理解的狀況。這些過程在學習開始前，定義為程序性的目標。程序性的目標是在金字塔的第三層。圖 4.1 表示這章節要討論的議題——過程。

　　當在指導程序性知識時，我們要學生能夠建立學習的模式，形成自己的知識，而且能內化所有的過程，成為他們的第二本能。除此之外，我們要學生能夠應用思考技巧，幫助自己在有意義的真實環境中，使用學習到的「程序」。學生能示範使用敘述性知識之前，必須詳細的教導他們如何設立目標。根據 Marzano 的研究（1998），如果學生要執行指定的過程，要讓他們能達到一定的水準，設立目標就顯得非常重要。由學生示範如何設定目標並與學生討論目標的意義與設定要領，同時，教師要把目標放在教室中，這樣學生能了解這些目標。在我的著作《所有教師都應該知道的事——教學計畫》（Tileston, 2004a）中，已詳細討論過如何教導及示範建立目標。本章著重在程序性的目標，以下是幾項設立目標的方法：

應用知識

- 必須要成功的指導學生規則、策略、
  啟發思考或演算。
- 提供範例。
- 提供引導式練習。
- 提供獨立練習。
- 提供學生慢慢練習的機會。
- 指導學生檢視及修正他們的作業。
- 指導學生完成到底。
- 提供足夠的回饋。

圖 4.1　教導程序性知識

- 教導學生時，首先要確認即將使用的目標，並和學生一起瀏覽全部的目標。

- 將學習目標揭示在教室裡，方便你在指導學生學習的過程中，隨時指出這些目標。藉此，你不只示範了標準、良好的過程，也幫助學生檢視他們的進展情形。例如：假設其中一個敘述性目標是要學生知道並了解字彙，你要花時間讓學生知道字彙的重要性。詢問他們是否已深信自己對字彙了解透徹，能夠進行下一階段的學習。

- 要求學生寫下自己在每一個單元或每一課的個人目標。當學生完成學習後，可能在學習單中遇到問題，或學習的知識增加的情況下，則可能要改變學習的目標或修正目標。例如你在學習操作電腦之前所寫下的個人目標，可能會與學習後所寫下的目標截然不同。當學生正在解決數學題、做科學實驗或進行一項

計畫，我們要學生能在進行不順利或遇到困難時修正自己的目標。如果沒有明確的指導學生怎麼做，他們將會半途而廢，或草率地交差了事。

- 事先提供學生含有敘述性和程序性目標的說明或表格。在我的著作《所有教師都應該知道的事——學生評量》（Tileston, 2004c）中已提及如何進行這項步驟。

- 利用大腦中後設認知系統的訊息，來幫助學生達到最好的學習程度（見圖4.2）。

 ## 幫助學生建立模式

進行程序性目標，需包含心智歷程的單一原則、演算、策略和宏觀歷程。表4.1顯示出心智歷程是包含在程序性知識中，並提供了每一項程序知識的簡短定義。

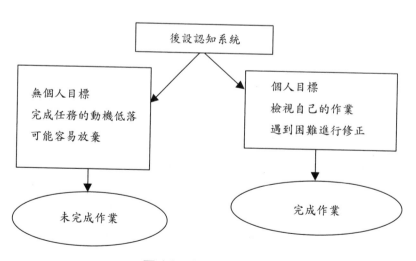

圖 4.2　後設認知系統

表 4.1　心智歷程

●心智歷程（技能）	●宏觀的歷程（歷程）
策略：遵循一般大概的原則或步驟，而非詳細的步驟。每次的結果都不一樣。學生依照步驟閱讀圖表，但每次的方式或順序不需要一樣。 演算：過程含有詳盡的步驟及特定的結果。例如：這些都算完之後，結果都一樣。 單一規則：一套沒有步驟的規則。學生在批改試卷時，僅限單一原則來批改。例如：名詞是專有名詞時，開頭字母需要大寫，所以運用了此單一原則。	綜合各項技能。

 ## 需要演算來教導程序性知識

　　Malcolm Walters 要學生能展現學科的詳細演算。「演算」是按部就班的原則，如果進行的步驟正確，每次都會產生相同的結果。以下所列的這些步驟，是他保證學生都能做到的：

- Walters 老師必須檢查減法的步驟，利用加法來檢查減法。在 10－3＝7 問題中，Walters 老師向學生問「7 加多少等於 10？」來解釋方法。每次加小一點的數字，看看是否能得到大一點的數字。

- Walters 老師給學生練習運算的機會。他向學生說明要寫出讓他們覺得安心的韻文或過程。
- 一位學生以繪圖的方式說明其運算的程序，如圖 4.3 所繪製。

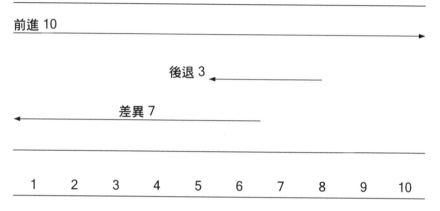

圖 4.3 視覺心智過程

讓我們來檢視 Walters 老師做了哪些事來幫助學生學習：
- 他向學生解釋規則並親自示範演算的程序。
- 他發下作業請學生也練習演算。

另一天，Walters 老師要了解學生在學科表現上的精緻化策略（或過程），他做的事情如下：

- Walters 老師示範並說明如何找出數學原理原則。例如：乘法、數字順序、正負整數等。
- Walters 老師讓學生也有機會練習找出數學的原理原則。首先，他提出如表 4.2 的問題，讓學生填完表格並找出規則。然後，他要學生自行擬題給其他同學，讓同學也找出其數學題的原則。

我們來檢視一下 Walters 老師做了哪些事，確保學生能跟得上他

表 4.2　用數學題來確定規則的例子

	2	4	6	8
2	4	5	8	
3		7	10	22
4	8			
5				

的步調。他給予學生一般規則或啟發思考（代替詳細的步驟）。也提供學生熟悉過程，以及創造屬於學生自己的過程之機會。

　　Todd Rutgers 是一位工藝課的老師，他要他的學生能展現心理運動技能。以下是他的教學過程：

- Rutgers 老師示範操作噴燈，為安全起見，他提供學生護目鏡，並叮嚀使用上的安全規則。
- Rutgers 老師請一位學生示範他所教過的技巧，以確定學生能小心的遵循所有的過程。
- Rutgers 老師讓學生使用噴燈，並鼓勵他們找出自己覺得很舒適的角度及方法。

我們再次看看 Rutgers 老師所做的事。

- 他示範了技巧，並且請其他人示範。
- 他提供學生使用此技巧的機會，並找出自己覺得最舒適的方法。

建立模式的策略

有些方法已能成功的幫助學生建立統整式的身心學習的歷程。這些方法包含：

- 類推：提供學生以推理方式，幫助建立演算、方法或策略雛型的歷程（Marzano, 1992）。
- 自我對話：是一種當人遇到問題或歷程時，自己說服自己完成的歷程。教師要示範這種過程，讓學生知道如何運用自我對話來做決定和解決問題。
- 流程圖：是一個很好的方法，可顯示過程中須具備的步驟，它可顯示詳細的步驟，如在演算，一般過程，或啟發思考的方法中。

 ## 形塑程序性知識

根據 Marzano（1992）的說法：「形塑」（shaping）在教導程序性知識上具有舉足輕重的地位。學生嘗試演算、方法或策略是否有效，以及創造自己的方法，產生屬於自己的過程，這些都是在形塑程序性知識的階段。在這段期間裡，教師給予詳細的回饋，讓學生使自己的學習方法更完美，此時老師的回饋要持續且詳細。Marzano 在 McREL 的研究中顯示，詳細的回饋能在學生的學習上產生深刻的影響。

引導式練習是教師幫助學生完成知識形塑的過程。Vygotsky（1978）認為：「事實上，當學生已擁有某些知識，但是學生尚未習得某項技能，只具有一些初步的構想，這時是需要去引導其發展的。」Marzano（1992）說，引導式練習運用的時機是用來指導學習較慢的

學生。學生在展現過程時遇到困難，需要「專業的指導」來幫助他們。學生不該歷經全競賽式的過程，要慢慢的完全了解並練習。在這段期間裡，不適合評量學生，除非是要評量學生完成作業的過程，以及學生是否有毅力去完成作業。

內化程序性知識

程序性知識的最後階段，是能夠很輕鬆、不必多想地將所學的知識自然展現。大量練習——指短時間內大量的練習——且定期的加強（分散練習），確保學生記得所有的學習內容且會將之實現出來。

後設認知系統

後設認知系統可以調節不受自我系統調節的所有想法。他具有四種功能：詳細的目標、過程的檢視、清楚度的檢視和正確度的檢視。我們來看看這個系統裡的元素。第一個元素是詳細的目標，當老師給予學生作業，這就是藉著作業的練習內容建立目標。教師要指導學生明確地建立學習目標。目標的建立有助於引發學生完成作業的動機。

第二項元素是後設認知系統中對過程的檢視。這個元素只處理程序性知識。過程的檢視是檢查運算、方法或策略是否可以有效地引導完成作業。

第三和第四項元素是清楚並正確的檢視。這些元素與智力行為有關，因為透過這兩項元素，學生能依需要來修正原始的目標完成作業。

圖 4.4 顯示後設認知系統與自我系統交互作用的重要性，不單是幫助學生開始進行作業，而且還讓學生滿懷熱忱地投入完成所賦予的任務。

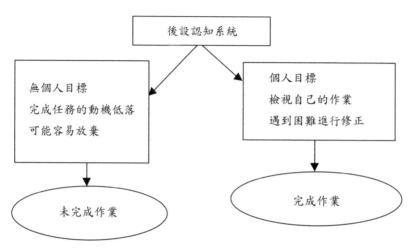

圖 4.4　後設認知系統

5

圖像組織表——
思考的策略

　　如果要學生能有效的存取知識，我們可運用語言性或非語言性的組織表。大腦喜歡固定的「型態」（pattern）。事實上，當大腦遇到新知識時，它會尋找固定的「型態」。我們可以在課程中提供固定的型態來幫助學生更有效的學習與記憶。Marzano（1998）發現組織表是一種有效的策略，可幫助任何階段的學生學習。組織表提供了學習的心智圖，並引導學生創造屬於自己的學習心智圖。我的一位同事教導學生如何添加細節的部分，他要學生以手遮住眼睛，就像他們透過相機看東西一樣，專注於教室中的某一物，並寫下所看到的東西。他們透過相機鏡頭，詳細描述寫下看到的物品。漸漸地，他引導學生透過鏡頭描述整個教室，如同製作電影一樣，一次描寫一個鏡頭畫面。

 ## 圖像組織表

　　圖像的組織表，是用於學生學習前幫助學生連結既有的知識與新的學習。在整個學習過程中，都能運用這些組織表來幫助學生理解所學的知識，並將學得的知識變成能便於處理的格式。例子中的進階組

織表通常是用於學習前，或介紹新單元之前。它包含 KWLH、預測樹、計畫組織表，和「之前之後」組織表。表5.1 即是KWLH的組織表。

　　這個策略是為了找出學生對新學習已知的部分。有時，我對新單元感到興奮，並對學生說：「我們將開始上一個令人興奮的新單元『移民』。」我的學生抱怨的說：「我們已經知道關於移民的事了，我們去年已經上過了。」這就是我拿出 KWLH 策略的原因，因為它不只告訴我學生已知道了多少，也幫助學生了解他們已知道了多少。好幾次，我發現學生知道的不如他們想像的多。另一方面，如果學生對新學習已有基本的理解，就可讓我進行更深入的教學。

　　K 代表「知道」（Know）——「對這主題已知道多少？」我的組織表裡，把類別列在頁底。在我要求學生把已知的部分列出來——例如：「移民」——然後我要學生把列出的知識分類，要他們將他們列出的標上記號，政治因素歸於 1、交通議題歸於 2、宗教因素是 3……等。我把知識簡化——轉化為一小段話，以利學生更容易存取知識。W 代表「想知道的」（Want to know）——「你對這主題想知道什麼？」若學生在這個部分回答「沒有」，那可就麻煩了，所以，有

表 5.1　KWLH 策略

知道	想知道	已學到的	如何學到
類別 1、2、3、4			

時用 N 代替 W。N 代表「需要知道的」（Need to know）。在上完課程之後，再回到組織表，寫下學生一開始並不知道但經過由學習後得到的知識（L 代表學到的），以及如何學到知識的方法（H 代表你如何學到知識）。

預測樹組織表是要學生推斷資料，並能辨別真假。預測樹是用於幫助學生預測學習。「晚宴」是我喜愛的短篇故事之一，作者是 Mona Gardner，我用這故事來教導學生預測樹運用（見表 5.2）。我讀一段文章給學生聽，要他們根據已知道的部分，預測故事接下來的事。他們要能證明他們的預測：「故事裡寫了什麼？發生了什麼事？故事的主題是什麼？……等，讓你相信你的預測。」

計畫組織表通常使用流程圖的形式。Parks 和 Black（1990）用流程圖呈現順序性的事件及過程，如報告的書寫或技巧的學習，幫助批判性的思考（顯示爭論、規準、證據及個人觀點），以及下決定。圖 5.1 是一張簡易流程圖，呈現過程中的每一個步驟。

「之前之後」組織表是用於確認學生的先備知識。在「之前」欄裡，列上敘述讓學生回答「是」或「否」。敘述的句子要能激起學生的興趣。課程上完後，再回顧敘述性的句子，讓他們根據已學到的知識，填入「之後」欄裡。表 5.3 是「之前之後」組織表的例子，列出的問題是關於世界飢餓。

- **階層分支形式**──根據 Marzano（1992）的說法，敘述性形式可組織事實，或特定人物、地點、物品和事件的特徵。階層分支形式與中心想法的形式相似，它們都有一個需要描述的中心想法或事物。階層分支形式不只顯示等級及次等級，而且能顯示等級的關係，比網狀圖更複雜。階層分支形式可用紙張呈現整個系統，以方便思考（見圖 5.2）。

表 5.2　預測樹

最後的結果：	證明：
預測四：	證明：
預測三：	證明：
預測二：	證明：
預測一：	證明：

主題

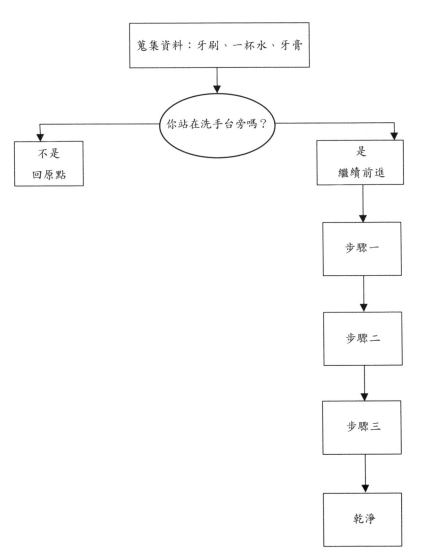

圖 5.1　流程圖

表 5.3 飢餓的「之前之後」組織表

學習前	學習後	敘述
		大部分貧困的孩子居住在城市中。
		美國的飢餓人口少於其他國家。
		美國每年生產足夠的糧食給世界上的每位男人、女人及小孩。
		產生飢餓者的主因是來自於懶惰。
		營養不良導致紅孩兒症，腹部膨大。

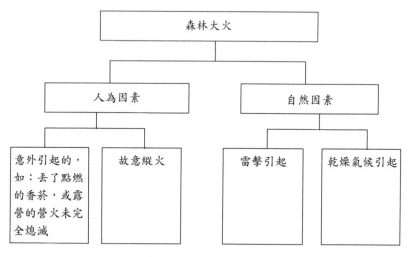

圖 5.2 階層分支形式

• **順序或間隔形式**——這些形式把知識按時間順序排列。書中的例子包含時間線和數字線。Parks 和 Black（1990）建議，學生可利用圖表中的知識來解釋趨勢、關聯或兩個不同的觀點。圖 5.3 是以時間線展示簡單順序的圖示。圖 5.4 以比較兩個或兩個

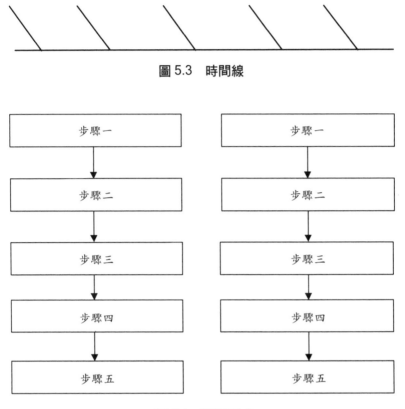

圖 5.3　時間線

圖 5.4　順序形式

以上的順序形式來確定趨勢。

- **過程及原因形式**——這些形式將知識或事件以因果關係的網絡呈現，以便我們清楚看見導致結果的步驟或事件的順序。這些形式亦可呈現事件的重要性等級。Parks 和 Black 稱為傳遞順序圖。圓形圖是其中一種圖表。圖 5.5 是描述教學與學習過程的圓型圖表。圖 5.6 是描述結果與導致結果的事件（原因）。

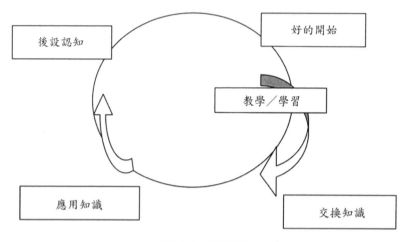

圖 5.5　圓形圖

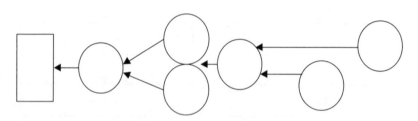

圖 5.6　過程及原因形式

- **問題及解決形式**：這些形式用於呈現特定的問題，及可能的解決方法（見圖 5.7）。

- **歸納形式**：這些形式是以支持論點的例子，將知識歸納起來（Marzano, 1992；見圖 5.8）。

- **比較、對照形式**：這種形式用來比較或對照兩個或兩個以上的人、地、事、物。比較的形式可顯示相同之處，對照形式顯示相異之處。這些圖像組織表可如表 5.4 的簡單，根據設定的條

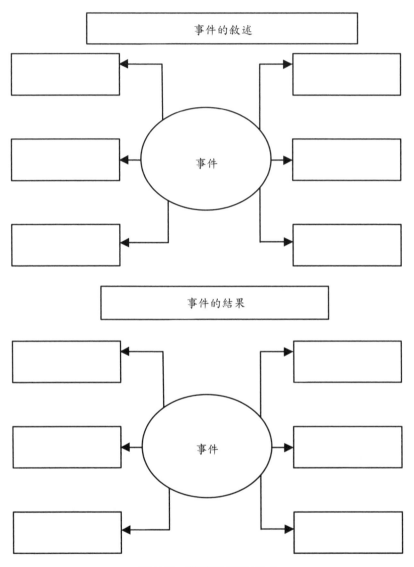

圖 5.7　問題及解決形式

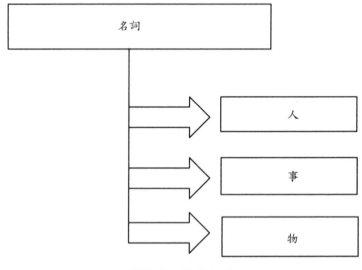

圖 5.8 歸納形式

件來比較兩件事情。組織表也可複雜如表 5.5 一樣，根據一組
條件來比較多項的概念。對最初級的學生，教師需提供他們進
行比較的條件；對進階的學生而言，他們必須要能自己設定條
件。

- **流程圖**：這些圖可用於呈現事件的順序、過程、批判性思考，
  如：爭論和下決定，如：做計畫。在第三章中可找到流程圖的
  例子。

一旦學生學習使用組織表，他們會十分善於創造自己的組織表，
或組合各種組織表來運用。我建議以下幾個提供創造及利用組織表方
法的網站：

www.inspiration.com：這個網站可讓你創造屬於個人化的表格。

www.thinkingmaps.com：提供教學用的做法。

表 5.4　圖像組織表：比較／對照兩件事物

項目一		項目二
事實	因素	意見
可正面或負面陳述	如何描述	可正面或負面陳述
可能來自許多不同的資源，但可追溯至最初的根源	資源	可能來自許多不同的資源，但不需來自最初的根源
可證明	能夠證明	不能證明
當作參考資料，提供假設，支援知識	運用	用於建立未證明的假設。以「我想」、「我覺得」的方式來支援，而非以「我知道」的方式

表 5.5　圖像組織表：一個概念以上的比較

狗	貓	特質	蛇	青蛙
		牠們如何呼吸		
		棲息地		
		他們吃些什麼		

6

課堂中口語策略的運用

　　本書中所討論的教學策略多屬於視覺型的。強調視覺型策略的應用，是因為課堂中至少有 87% 的學生是視覺型學生，他們必須在學習前看見學習的意義。事實上，Jensen（1997）說，當這些學生最後理解了所呈現的知識，如同他們時常會說：「我知道。」圖像組織表是很不錯的策略，能幫助學生了解所要學習的內容。

　　本章將要討論一些策略。對那些在課堂上需要並能接受口頭刺激的學生而言，這些策略是非常重要的。以下提供一些策略可以有效地應用知識於真實世界中：腦力激盪、問題、答辯、師徒式對話和思考模式。

腦力激盪

　　腦力激盪是一種很好的做法，可在檯面上得到許多想法。它可用全班或小組方式完成。進行腦力激盪之前，要先給學生規則，才能讓這活動進行得成功。我通常使用以下的規則進行：

- **每個人都要參與**——我要學生知道這正是我所期待的。

- **說出想法**——有時學生有非常奇怪的想法，但對其他學生而言，或許是可行的方法。
- **不能批評**——腦力激盪的用意是將許多想法呈現在大家面前。以這觀點來看，我們關心的是想法的數量，而非想法的質量。如果有位學生說了一些看似瘋狂的事，而其他學生都批評他的想法很糟糕，最後，他就再也不會提出任何的想法了。
- **連接別的想法**——只有一次引用別人想法的機會。好的想法就是這樣產生的。

自我要求的額外原則：別太快停止腦力激盪。真正有創意的想法，通常是在別人的一般想法浮上檯面後才產生的。例如：如果我們進行腦力激盪的主題是紅色的東西，學生通常會說消防車、停止標誌、指甲油等。我們放棄一般的想法之後，得到的答案可能是狂怒、勇氣的紅色徽章等更多的想法。

答辯式提問

答辯式提問技巧或研討會，讓學生有機會使用高階思考的策略。當活動進行順利時，這些活動能讓學生提出自己的解釋及觀點，並運用批判性思考和問題解決的能力。在我的課堂上，我負責在第一場研討會裡示範這種模式。學生理解這方法後，讓學生繼續進行所有的過程，以小組方式討論關於學習的問題。Paul（1990）提供以下的指導原則。問題的選擇依賴學習的主題及目標。

- 說明的問題。如：「你的意思是…？」
- 探究假設性的問題。如：「根本的問題是什麼？」
- 探究原因和證據的問題。如：「你這麼說的理由是什麼？」
- 關於觀點及看法的問題。如：「對……而言，看起來如何？」

- 探究可能產生的影響和後果的問題。如：「如果……，可能會發生什麼事？」

在小組討論污染時，小組長要先問每位成員：「對不同的人而言，污染是否有不同的意義？」（這是一個說明的問題）。

接著，小組長問：「不同定義的根本原因是什麼？」如：「污染對工廠老闆的定義，對政客、對環保團體、對新生兒父母而言是什麼？」（一個探究假設的問題）。

小組長也可能問：「你所相信的理由是什麼？」（一個探究原因的問題）。

 ## 師徒對話

師徒對話法與答辯式提問相似（由簡單說明性的問題開始，逐漸變成複雜的問題），但是以整個團體進行，而老師是推動者。每個人都坐在圓圈裡，由老師先提一個簡單的問題開始，如：「你的名字是誰取的？」老師回答後，請學生輪流回答。每項新問題會變得愈來愈複雜。例如，當老師指導中學生一個在降低誤入歧途學生人數的體驗課程（如懷孕、使用毒品），我時常使用師徒對話的方法談論議題及討論對主題的感受。有一群特別的學生令我難以忘懷，在這個班級裡有一位美式足球的球員，他的啦啦隊隊長女友懷孕了，他們必須在中學的第二年結婚，也必須為了工作而退出球隊。我問了一個問題：「你現在最擔心的是什麼呢？」當問到這位年輕人時，他回答：

> 你們每天放學回家時，最關心的是要上哪兒找樂子。可是我每天放學後，還得上夜班，然後才回家。睡覺的時候，腦子還不停思索著該如何負擔嬰兒的費用，如何養一個家。這與

愛無關，我很愛我的妻子。但這是對未知的恐懼，以及如何
掌控未知的害怕。

聽到某人親口說出自己身陷在自己的選擇中，我幾乎無法言語，
教室裡的學生也與我有相同的感受。

應用所學於真實世界中

如果我們要學生記得所學的知識原則，位於教學與學習金字塔最
後一級就顯得很重要。它要通過後設認知過程和應用於真實世界，賦
予個人的意義並將它應用在學習上。學生會反映他們學習到的、他們
為何要學習，以及什麼是重要的。學習的思考過程可能很簡單，如在
「離開教室許可票」（Ticket Out the Door）的活動，或者更複雜。簡
單或複雜完全根據學習的複雜程度而定。下面是一些進行這個活動的
方法。

- PMI——這個策略要學生提供正向（P 代表正向）已學到的知
  識。有時，我要學生列出一張表，有時我要他們描述所學的。
  M是代表遭遇的難題。在這個標題下，我要學生告訴我，在這
  單元裡不了解的部分。然後 I 代表興趣。在 I 之下我要學生寫
  下還要再多學的部分。學生時常在單元學習後，終於了解所學
  的知識。我在這部分給予額外的分數，因為我要學生有創造性
  的思考。

- **什麼，又怎樣，現在怎樣**——這方法與 PMI 類似。請學生在
  「什麼」一欄下，列出所學過的。接下來，我要學生告訴我為
  何他們認為已學過了。「又怎樣」是指為何這些知識很重要。
  「現在怎樣」是指應用於真實世界。我要學生告訴我，運用知

識於真實世界的方法。

- KWLH──這個策略用於課程剛開始進行的時候。請學生在K（知道）的部分列出已知的事物，藉此知道學生已知道了多少。W（或N，見第五章）代表「想知道」或「需要知道」，學生列出單元中想知道的事物。當學生完成單元學習後，我們回顧表格，我說：「在課程開始前，這裡列出你對飛機模型已知的部分。接著，是寫下你想知道的事。現在，告訴我，你在一開始並不知道，但現在已知道的（L是學到的）事，和你是如何學到的（H是如何學到）。」

- **離開教室許可票**──我要學生回答一個簡單的問題或一組題組，並寫在紙上在下課時交給我。這是他們離開教室許可票。問題可簡單如：「寫下一種你今天學到的東西名稱，和你還不懂的東西。」有時，我要學生以小組或兩人一組的方式完成。這可幫助我確認沒教仔細的地方，在下次上課前，我會把這些答案都看過，再把這些問題提出來討論。小學生可能還不會寫字，我用一系列的臉部表情讓他們剪下貼在活動單上，表示他們今天的感覺或學習某個特定的主題。臉部表情有快樂的、生氣的或無表情的。

7

課程的剖析

教育的基本目標是讓學生具備自我管理的能力，這種能力能讓他們教育自己。自我導向不只能在正式的教育中生效，也能促進終身學習。

——Bandura,《*Self-Efficacy*》

Maria Alvarez 是一位中學的閱讀指導教師。她曾讀過「所有教師都應該知道的事」的叢書。她計畫將學到的部分應用在教學單元中。Alvarez 老師知道學習始於自我系統，由大腦決定教材是否值得注意。為了活化大腦這重要的系統，並幫助引導學生的內在動機，Alvarez 老師採取下列步驟：

- 提供學生新單元的學習目標。她把這些目標張貼在教室裡，以便她在學生學習整個單元時能提到這些目標，這些目標應基於這個單元的標準。藉此，Alvarez 老師幫助學生活化自我系統的第一個元素，這步驟非常重要。這些目標以表 7.1 的格式呈現，或者以對學生最好之格式來呈現，而且這樣的資訊應與家

表 7.1　運用標準於教學中

標準	基準
學生在作文中能運用文法及固定的修辭	1. 作文中運用專有名詞 　● 關係詞 　● 指示代名詞 　● 人稱（代名詞、主詞和受詞） 2. 作文中運用名詞 　● 代名詞 　● 不規則複數名詞 3. 作文中運用動詞

長分享。

● Alvarez 老師已在教室裡製造一種氛圍。這氛圍可讓學生相信自己能做得到，而且相信老師對學生期望很高。透過建設性及時常的回饋及真誠的讚美，Alvarez老師提供學生成功的機會。Alvarez 老師知道真誠和時常的回饋所產生的影響，足以對學生的學習造成 29% 的改變。根據Marzano（1998）的研究，這老師還知道建立學生的自我效率，也能有 29% 的學習效益。在 Alvarez 老師的課堂上，如果學生不知道答案是沒關係的，有關係的是沒有事先努力嘗試。

● 適當時機時，Alvarez 老師以合作學習方式來幫助學生練習。Alvarez 老師知道若策略運用得宜，對學生的學習會產生正面的影響。

● Alvarez 老師尋找在學習中加入情緒的方法。因為她知道情緒對於動機及自我系統運作密不可分。她可能利用服裝、圖框、

帽子、字母湯（alphabet soup）或其他教具來加入情緒。有位任教於城市貧民區的中學老師，她每年運用一個主題進行寫作教學策略，因此得了無數的獎項。今年她建立了遊戲的課程主題。學生用商業的遊戲來創造自己的遊戲，幫助自己學習。當學生進行寫作時，老師則騎著滑板車在教室中巡視。

當我們對學習有興趣時，我們更有動機學習，例如有目標的學習。我們對獨特的事物感興趣，如情緒的運用。當我們面臨挑戰時，會比遇到挫折更有動力學習。

學習的第二個部分是發生在後設認知系統。為了活化這個系統，Alvarez 老師做了下列的事：

- 要學生設立個人的單元目標。Alvarez 老師知道設立個人目標對活化大腦的後設認知系統，及賦予學習意義的重要性。她運用如表 7.2 的格式。

- 透過課程，Alvarez 老師檢視整個過程（程序性的目標），引導學生檢視自己的作業，並修正自己的目標。Alvarez 老師知道學生通常一開始對學習滿懷熱忱，但遇到挫折時卻又半途而廢。Alvarez 老師花了一些時間明確的指導學生處理問題原因及修訂目標。她幫助那些城市貧民區的學生控制負面情緒，並尋找處理問題及逆境的正面方法來取代放棄。她幫助學生了解「計畫」是跨越問題的第一步。視需要修正計畫對完成歷程是很重要的。事實上，Alvarez 老師教導學生關於人際關係的技巧是「如何檢視和修正」。她也教導他們克服障礙的正向「自我談話」技巧。這對 Alvarez 老師的城市貧民區學生很重要，因為這些學生處理困境的方法是叫自己（或別人）放棄。

表 7.2 個人目標的表格

題目：辭類

預測：寫下你認為這單元的內容有些什麼

設立目標：寫下這單元的個人目標。你需要學些什麼？

1.

2.

3.

第三個學習部分，是發生在認知系統。Alvarez 老師知道這個大腦的系統是處理敘述性和程序性的知識。她也知道她在學校所教的最後會歸於這兩個項目內。在計畫課程方面，Alvarez 老師寫了敘述性（學生在這單元最後知道了什麼）和程序性（學生能運用知識做什

麼）的目標。Alvarez 老師在這單元的目標如下：

敘述性目標

學生知道：

- 說出並運用基本辭類
- 單字與關聯性。如關係詞、指示代名詞、代名詞等。
- 在寫作及口語上運用適合的辭類之重要性。
- 運用每一辭類適當時機。
- 如何定義辭類。

程序性的目標

學生能做到：

- 能適當運用辭類，在書寫及口頭的溝通上。
- 運用不同的辭類，寫下表達明確的段落。
- 運用正確動詞時態。

為了幫助學生活化認知系統，Alvarez 老師將做下列的事：

- 建立新學習與學生舊經驗或舊學習（活化先備知識）的連結。
  她知道在（Marzano, 1998）研究中顯示，這個策略能帶給學生
  學習上很大的影響。她從這本書知道許多活化先備知識的方
  法，包含複習、刺激或提問技巧。她在這單元使用 KWLH 的
  策略。K代表「你知道些什麼？」W代表「你想知道什麼？」
  （可幫助學生設立個人目標），L是用在單元進行後，複習學
  生學到的，H 是用於解釋如何學到新知識。Alvarez 老師在學
  生學習辭類，包含名詞、動詞、形容詞、連接詞、介系詞等等
  皆運用這個策略。

KWLH 策略活化認知系統的第一層級，即取出已儲存的知識。在《暴風雨晚上的玻克威學校》（*Snow In at Pokeweed Public School*）一書中，假設學生在學校裡被雪封住，請學生圈選解決的方法（在這個例子裡，學生無相關的先備知識，於是教師便提供模擬情境，讓學生有機會像書中主角一樣，瞻前顧後、步步為營）。

接著 Alvarez 老師介紹字彙讓學生理解知識。Alvarez 老師知道字彙教學其中的一個好方法是透過相關的上下文來介紹字彙（如故事），或給予簡短的定義和例子，然後讓學生進行個別學習。

辭類的第一課是名詞與代名詞。Alvarez 老師讓學生分組合作學習，每組學生要閱讀和討論名詞及代名詞。Alvarez 老師用一個叫做「集合數字頭」的合作學習技巧來觀察小組閱讀和討論的情形，這個過程的原則是：

- 小組中的學生報數。這個例子裡，每組有三個學生，每組裡都有 1 號、2 號、3 號。
- 教師提出問題，然後叫學生的號碼。
- 叫到號碼的學生起立。
- 教師請站著的學生回答問題。
- 教師提出另一個問題，然後點學生的號碼回答問題。
- 活動進行到所有問題都回答完，才算結束。

Alvarez 老師要學生分析訊息中的名詞和代名詞。她知道利用非語言性的組織表是最有效的方法之一。她也知道分析是透過配對、分類、錯誤分析、歸納和詳述。「配對」對學生的學習有極高的效果（Marzano, 1998），所以 Alvarez 老師決定運用圖像模式來幫助學生了解名詞和代名詞的特性，讓學生要製作名詞和代名詞的心智圖。

學生將特性定義之後，Alvarez 老師引導學生製作圓形交集圖，

顯示名詞和代名詞的異同。

　　Alvarez 老師讓學生透過提供利用名詞及代名詞的例子，示範如何運用知識。Alvarez 老師提供方法或啟發思考的方式，引導學生決定名詞和代名詞的字彙，包含大寫的時機、複數規則等。當學生寫作業時，Alvarez 老師在課堂上巡視並有具體的回饋。

 ## 課程的一般指導原則

　　為了確保課程上所使用的策略奏效，首先要先分析學生的學習目標，看看目標是否能歸納知識，如了解字彙或細節的部分。目標是否能達到認知的部分？如具備推論的能力，或定義兩種不同事物異同的能力。目標是否能具備後設認知的層次（透過高度的動機來設立目標的能力）？目標是否基於自我系統（了解自我及能力）？無論哪一種目標，研究顯示有些教學策略能使學生學得好：

- 課程進行前，用有趣的方式介紹知識，讓學生了解學習的意義，也讓知識與學生的興趣產生關聯。例如：上統計學時，若以體育界的賽事統計資料作為教材，則學生會學得更起勁。以兒童樂園器材的騎乘動作來學習運動，也是讓學生感到格外興奮的方法。對年紀比較小的學生學習動物的主題，可用自己的寵物或用動物的棲息地作為開始，讓學生產生較大的興趣。教師可以問問自己：「這與學生的生活有什麼關係？」我的數學老師在教室裡放了一個牌子，上面寫著：「我一定只教能應用在日常生活中的知識」。她教授高階數學，有時學生也會挑戰她，但她總能告訴學生如何應用高階數學。

- 給學生能夠連結新學習和學生已知部分的意義。大腦會尋找固定的形式。我們越能幫助學生建立這些形式，學生越能與新的

學習產生連結。

- 清楚指導學生比較及對照新知識及已學過的知識，經由這個策略，再次幫助學生建立固定的形式及關聯性。固定的形式及關聯對學習是很重要的。許多州立標準的規範裡，學生要能知道事物的異同。由於高級測驗內容是根據規範的知識制定的，所以指導學生有效運用比較及對照的技巧，有助於學生提高分數。

- 提供學生非語言性的模式，要如同語言性模式一樣好。藉由指導學生創造非語言性的模式，幫助學生找到知識的意義及過程的意義。

- 提供挑戰讓學生參與，例如：實驗方法調查、解決問題、做決定和調查研究（Marzano, 1998）。

- 「給予學生明確的目標，以及針對學生達成目標的程度，給予精確的回饋」（Marzano, 1998）。永遠要記得籠統及不合用的回饋，對學生的學業成就沒有任何幫助。每 30 分鐘要給一次回饋——不必都由教師給回饋。回饋可來自於自己（教師可指導學生如何運用自我談話及自我評量的格式），或來自於同儕，或各項的來源。

- 當學生達到目標時，要讚美他們。當目標都達到時，可在班級上辦慶祝會。

- 「讓學生訂下自己的教育目標，自己發展策略來達到目標、檢視他們的進度，以及始終圍繞著目標思考」（Marzano, 1998）。我們從大腦的後設認知系統的研究得知，為了讓學生完成計畫的動力，他們必須要有個人的目標，而且要能視需要來修正目標，否則，學生會有放棄計畫的衝動或以草率的態度完成作業。

- 引導學生了解到自己的信念及興趣，好讓他們能有更多機會學習新的歷程或知識。

透過這本書，我分享了一些強而有力的策略來幫助你進行長期記憶及有效取出儲存知識的教學。這些策略能幫助你在教學上更得心應手。大腦中的知識及思考系統能幫你教導不同的學生，知道如何啟發學生的自我系統的動機，以及直接明確指導學生的原則，不只學到一些課堂上必要的策略，也學到執行策略的啟發及方法──你也知道哪個策略對學生最有效。

每年投入了不少時間及金錢在聯盟的課程測驗及評量工具上，卻常常忽略第一線的教學實務。本書提供的教學策略就是為了修補課程書寫、教學及測驗的漏洞。

字彙摘要

情緒模式（Affective Modality）

　　要將知識編碼，才能讓知識從工作記憶進入長期記憶。編碼的其中一個方式，就是透過情緒模式。當大腦對知識有情緒反應或感覺時，這些知識就會以情緒的方式編碼。

　　情緒可以讓學習產生意義，永生難忘，或者是完全阻斷我們的思考能力。

　　情緒可以產生負面的影響。生存之道不僅存在於野生動物身上，在人際關係及學習上也會遇到生存的問題。當大腦覺得害怕的情況，就會啟發壓力反應（對抗或逃離）。副腎上腺素和腎上腺素的分泌反應在膽、心臟、血管、肺、皮膚、汗腺、唾液腺和骨骼肌肉的運動上。皮質醇的分泌，反應在消化不良和免疫系統方面。在這些情況下，情緒更勝於認知部分。大腦的理性及思考部分會變得較無效率，也阻礙了學習。提供學生身心感到安全的環境，就能學習得好。

　　情緒也能產生正向的影響力。雖然情緒可阻礙學習，但也扮演強化學習的角色。腎上腺素不只能觸發壓力的反應，也能對事件的記憶歷歷再現。

　　你對吸引學生情緒或動機興趣所做的一切，都會自然而然的讓腎上腺素系統作用，而產生強烈的記憶。基本上，知識和事件如果含有情緒的元素，此較容易受到注意並被記憶下來。但是情緒干擾過於強烈，也會影響到理性的過程及學習。

演算（Algorithm）

「演算」是指一組應用於學科特殊作業的規則，必須確實遵守這些規則，才能達到特殊的結果。

例如：「演算」用於數學等式；在實驗上要達到指定的效果，在舞蹈上，要達到期待的結果等。

演算不同與啟發。啟發是一組協助獲得結果一般的原則或規則。演算是要一步一步的進行過程，而且每次的步驟都一樣。

注意力（Attention）

由於大腦無法一直注意感官刺激所不斷傳送進來的訊息，大腦會過濾掉不相關的訊息。

影響注意力的基本原因有：

- **相關性**：在學生願意注意到知識之前，要讓知識與個人產生關聯（我如何在真實世界裡應用這些？）和個人意義。在課程開始時，找個方法坦白的告訴學生如何應用知識於真實世界中。引導學生設立個人的學習目標，並將目標貼在教室中，讓學生能在整個課程中測量自己的學習。
- **情緒**：我們對學習的感覺是很重要的。如果學生無法看見學習的相關性，如果他們不相信自己能學得好，或者如果學生對學習的主題不感興趣，這樣就很難引起他們的注意。運用駕馭情緒的技巧，如音樂（聲音的次數）、笑聲（利用卡通和故事）、小組互動和調查學生興趣來創造正向的情緒。

脈絡化（Contextualizing）

當教師在學生對知識熟悉的相同情況下，指導新的知識，即是所

謂的脈絡化。當我們教其他文化或城市貧民區的學生時,這種教學的方法更顯得特別重要。都市中貧窮兒童和西班牙裔的兒童用故事的型態來學習,通常能學得很好,因為經由他們的文化能讓他們學到知識。藉由把知識放進故事裡,教師更能貼近這些學生。基本上,教師一定要了解學生的文化,並且能適應學生的學習情況。

合作學習（Cooperative Learning）

合作學習意指一群學生能朝著同一目標分工合作。

明確的教學（Explicit Instruction）

明確的教學是一種以教師為中心的教學模式。目標是將新的敘述性知識以最直接的方法教給學生。教學的七個步驟包含:

1. 活化先備知識。建立新知識與學生既有知識、過去經驗的連結。
2. 建立架構並呈現新的內容,使學習產生意義及關聯性。只是站在台前講解新的內容,並不是明確的教學,也不能產生什麼效果。必須讓學生參與學習的活動。
3. 確認學生理解程度給予回饋,真誠、具建設性的回饋對學生的學習來說具有極大的效果。一般的回饋,如「做得好」,只有極低的效果。當學生知道自己做得不好時,教師給予這樣的回饋,對他們是有害無益。
4. 控制練習。這種練習是教師要檢視練習過程中的每一個步驟。學生精熟的程度,至少要達到 80%。
5. 引導練習。這種個別的練習,需要教師的回饋和呈現問題給學生。學生在此練習中的精熟度至少要達到 85%。

6. 獨立個別練習。當學生獨立練習時，教師可視情況提供解說。獨立練習之前，不可缺少控制練習和引導練習的步驟。在學生還不了解新概念時，就派功課給學生回家寫，這稱不上是好的教學法。在這階段的練習，學生要達到 90% 的精熟度。

7. 分散練習。學到的概念要經過一段時間後，再重新溫習一下，以確保學生牢牢記住所學過的知識。

啟發（Heuristics）

啟發是指方法和策略，運用於特殊的歷程或學習活動中的一整組一般性的原則。學生運用此方法，其著重在如何改進自己運用的方式。當老師給學生一份某過程的說明，即是提供學生啟發。

這裡有一個「啟發」的例子：

項目一	有多相似？	項目二
	有多不同？	
	特徵一	
	特徵二	
	特徵三	
	特徵四	

知識的範疇（Knowledge Domains）

知識的範疇包含三項：訊息、智力、心理運動。以下是這三個範疇的簡述：

1. **訊息範疇**：如果你教學生知識，要將知識分級化，幫助學生更有效率的傳遞知識，並將知識送到適當的記憶區。知識的等級分為字彙、事實、時間順序、原因和影響、時段、歸納。

因為分了等級，所以在教導事實前，我會先教學生字彙。

2. **心智歷程的範疇**：這個範疇是關於如何學習知識。例如：我如何處理問題，或運用在知識範疇學到的知識？這個心智歷程範疇也包含了等級，從單一規則開始，至演算、方法，最後宏觀歷程。如果不了解演算和方法，將無法呈現宏觀歷程。

3. **心理運動範疇**：這範疇包含身體歷程和運動技巧。這也是有分等級的，如同教練告訴你的。首先是手部的敏捷度，再來是手腦協調性，最後是綜合技能。

語言模式（Linguistic Modality）

知識要經過編碼再進入長期記憶。語言模式負責處理口語及書寫的能力。當資料進入編碼中心，它們彙編成敘述性知識（事實、單字、事件）或程序性知識（需要完成整個過程）。課堂上教導的大部分知識，都會編碼成這種模式。這個非語言性的模式將心理的圖像、氣味、觸感、聲音和味道編碼起來。非語言性的組織表幫助大腦將知識編碼成這種模式。

意義（Meaning）

人類不是依賴得到許多無意義的知識而生存。大腦會尋找固定的形式，會嘗試了解、持續嘗試著確定經驗的意義。每次遇到新的事物時，需要大腦已存在的記憶範疇（神經網絡）做連結。如果我們要讓知識產生意義，有以下兩種選擇：

1. 找出新知識與學生已知部分連結的方法。大腦喜歡固定形式，當有新知識進入大腦時，大腦做的第一件事是找出以前的經驗來連結新的知識。簡單如討論先前的課程，或複雜如披薩

產生分數的連結。活化先備知識可增加 +45 的效果量，這表示若運用此策略得當，可增加學生百分等級 50 至 95 的知識。

2. 讓學生了解新的學習如何幫助自己。簡單如幫助他們準備考試，或複雜如預防在街上被騙，例如：知道披薩的分數部分，可幫助都市中的小孩買披薩不被騙，不要付了一樣的錢，別人買到 1/8 片，自己卻只買到 1/16 片披薩。教師應問問自己如何將學到的用於真實世界中？

後設分析（Meta-Analysis）

後設分析是研究實驗組和控制組的比較。效果量是測量的依歸。Glass 和其他人（1981；引自 Manzano，1998）定義為以下公式：

$$效果量 = \frac{實驗組平均值 - 控制組平均值}{控制組的標準差}$$

根據 Marzano（1998）的說法：「更有效的米制效果量是標準差單位在實驗組中換成百分等級。」例如：一個教學策略的效果量是 0.85，解釋為可改善百分等級 30。這表示這個正在使用的策略，可讓學生在學習上，得到從 50 分到 80 分的範圍。

非語言性組織表（Nonlinguistic Organizers）

非語言性組織表示圖像（圖畫的）的模式，可讓概念組織成表格。以下有一些組織表的例子：

敘述的型式可用來組織特定人物、地點、事物、事件的事實或特徵。這些事實或特徵不必依照特別的順序，心智圖策略即是這種例子。順序的型式是用於組織發生在特定時間順序排列的事件，時間線

即是這種形式的例子。

過程／原因的型式是用於將訊息組織成不固定的網絡圖，引導出特定的結果，或特定結果的步驟順序。教師可運用在分析已知結果的因素。

問題／解決的型式是用於將知識組織成確定的問題，以及解決問題的方法。

歸納的型式是用來將共同的例子歸納成共同原則。

概念形式，如敘述性的形式，是用來處理人、事、地、物和事件，但非有特定性的人、事、地。這些形式代表整個層級或種類。通常用來解釋特定的例子和定義概念的特徵。

多元化（Pluralizing）

是一種運用一種以上的策略來教導學生的方式。例如，教師以字彙定義及例子的方式來教字彙。或說故事方法，提供字彙的相關上下文，或學生提供與字彙意義有關的故事。或要學生畫一個象徵物來幫助他們記住字彙。這個方法可用在那些在學習上缺乏字彙的認識，透過相關上下文來學習的英語學習者。教師提供視覺的模式，幫助他們以上下文相關的方式記憶（情節記憶），而非以字及事實為主的語意方式記憶。

重複練習（Rehearsal）

重複練習有兩種功用：

1. 將訊息存留在短期記憶
2. 提供將訊息傳輸進入長期記憶的機制。

許多練習的活動，可分為兩大主要的重複練習類別：

1. 刻意死背練習，持續重複相同的教材形式，讓知識進入短期記憶。

2. 詳細的重複練習說明或整合訊息，讓知識具有一些感覺或意義，如創造字串。

提取系統（Retrieval Systems）

提取系統或記憶途徑有五種。Sprenger（2002）說：「對特定形式的記憶，會有特殊的記憶區。我們要知道記憶如何儲存在每個區域記憶及如何取出。」以下是對這個系統或記憶區的簡述。

- **語意記憶**——這裡儲存了事實、字彙和單字。問題是，這裡的記憶系統是最沒效率的。

- **情節記憶**——這個記憶系統分布在大腦的海馬迴，尤其加入情緒時則極具影響力。這個系統是處理方位：「你在哪裡學得知識的？」「知識位於公布欄上的哪個位置？」將曾公布在公布欄上的教材蓋住或拿下來，再實施測驗。在這個測驗裡，注意觀察有多少學生會看公布欄或白板，來幫助記得所學到的知識。將知識放在教室裡，你就能幫助學生運用這個強力的記憶系統。這系統可幫助我們記得歷史事件，例如：黛安娜王妃之死，或 911 事件。我們通常會記得事件發生時，我們身在哪裡？誰和我們在一起？即使是多年前發生的事件。

- **程序性記憶**——位於小腦，這個記憶系統與身體的動作是有關聯的，如開車。當你練習開車時，你可能會很注意鏡子、排檔等。你一直練習至整個過程，直到開車成為你的第二本能為止。現在，當你進入車子時不需要對鏡子、排擋考慮太多。在學習活動中，加進一些動作可活化這個記憶系統，能擁有無限

的記憶空間且永遠記得清清楚楚的。

- **自動記憶**——也位於小腦。一些研究者認為這個記憶系統與程序性記憶是一樣的。這系統與情境反應相關。乘法表、字母、解碼技巧都存在於此。

- **情緒記憶**——位於大腦杏仁核，這個記憶系統可說是最具力量的一個系統。它可完全關閉其他的記憶系統。如果你不相信，下次當你遺失了鑰匙，情緒尚未控制好之前，你可能不會啟動其他記憶系統，來幫你找到鑰匙。

如果在課堂上加入情緒，你的學生會更容易學習與記憶。

Sprenger（2002）建議教師在課程開始之前，問自己下列的問題：

語意記憶內容（教科書）：如何進入其他記憶區域？

情節記憶內容（位置）：要如何透過公布欄、感官裝置等來加強學生這部分的記憶？

自動化記憶內容（情境反應）：如何運用音樂來強化學習？

程序性記憶內容（肌肉記憶）：如何在這單元裡，讓我的學生活動？

情緒記憶內容（感覺和興趣）：如何利用情緒來介紹學習內容？

自我系統（Self-System）

所有的動機，如同學習一樣，始於大腦的自我系統。自我系統可決定是否要注意由感官傳來的訊息，也可決定需要花多少的能量去專注此訊息，教師必須注意以下一些與自我系統相關的議題：

1. 檢視任務的重要性。
2. 檢視自我效能。
3. 檢視情緒。

感官訊息（Sensory Information）

訊息透過感官（嗅覺、味覺、聽覺、視覺、觸覺）進入大腦。如果訊息很重要或很情緒性的，訊息即會進入長期記憶。當訊息進入大腦時，大腦約有 15 秒鐘的時間可決定是否要保留訊息。這就是要學生知道學習教材內容的重要原因，也是在學習中適當加入情緒的重要因素。強烈的情緒能幫助大腦決定是否將訊息放置於長期記憶中。

我們放棄 98% 進入大腦的感官訊息。我們不需記得所有透過感官而來的訊息。難道你想記起每次蒼蠅嗡嗡的朝你飛來，或是蜜蜂飛近你身邊的情景嗎？這些「訊息」總是讓人感到毛骨悚然。所以很自然地忽略，況且我們也認為這些事並不重要。例如：當你在購物中心走向你的車時，有一個人匆匆走過，拿走你的皮夾，你可能不記得當時的細節，或稍早走在停車場裡的陌生人，因為當時對你而言並不重要。你的大腦輕易的放棄了訊息。

課堂上，學生通常會遺漏了重要的訊息。教師利用感官刺激來強化學生學習，幫助他們了解知識的重要性。像是如何在真實世界中應用知識？如何利用知識幫助他們成為好公民、更具生產力，或防止被欺騙？

字 彙 後 測

本書一開始已提供字彙表及字彙的前側，以下是字彙後測的題目及答案。請於閱讀完題目後選出一個最佳的答案。

1. Majors 老師在學生學習一個獨立的學習方案時，給予學生一般性的指導。Majors 老師所提供的是什麼？

   A.啟發

   B.演算

   C.效果量

   D.方法

2. 嗅覺、味覺、影像及觸覺屬於學習歷程的哪一部分？

   A.語言性的歷程

   B.非語言性的歷程

   C.情感的歷程

   D.外在歷程

3. Mosaic 老師教多元文化課程時，經常使用故事幫助學生學習，使得學習更具有意義。Mosaic 老師是使用哪種學習歷程？

   A.啟發

   B.概念化

   C.明確的教學

   D.間接的教學

4. 語言性的型態不包含：

   A.敘述性網絡

   B.程序性網絡

C. 味道

D. 寫作

5. 哪個提取系統最難存取訊息？

A. 情緒的

B. 程序的

C. 自動化的

D. 語意的

6. 在學生的學習上，下列哪項最具有效果量？

A. 認知系統

B. 後設認知系統

C. 自我系統

D. 認知系統

7. 心智圖是哪一種的範例？

A. 語言性的組織表

B. 後設分析

C. 啟發

D. 非語言性的組織表

8. 後設認知系統不是負責……

A. 詳述學習目標

B. 詳述學習的重要

C. 檢視過程

D. 檢視過程的正確性

9. 如果教師要學生建立並檢視自己的學習目標，他會使用何種知識？

A. 後設認知系統

B. 自我系統

C. 認知系統

D. 知識系統

10. 如果教師要學生學習與課程相關的字彙，他將使用：

A. 知識範疇

B. 心智歷程範疇

C. 認知範疇

D. 心理運動範疇

11. 如果教師要學生學習按部就班的步驟，並將此步驟用於特定的學科作業上，教師會教學生什麼？

A. 方法

B. 單一原則

C. 演算

D. 宏觀的歷程

12. 合作學習不包括下列何者？

A. 將學生分組

B. 包含社交技巧

C. 具結構性的

D. 需要回饋

13. 下列哪項不是合作學習的教學成分？

A. 正向的互助

B. 小組歷程

C. 面對面的互動

D. 系統的獨立性

14. 動機是由大腦的哪兩種系統所控制？

A. 自我和後設認知

B. 認知和後設認知

C. 感官和提取

D. 知識和認知

15. 教師要有效地指導學生學習英文時，應：

A. 運用脈絡化

B. 運用複數形

C. 運用情緒模式

D. 以上皆是

16. 運用大腦系統來進行教學，需要什麼知識？

A. 等級

B. 後設分析

C. 演算

D. 以上皆要

17. 明確的教學……

A. 包含啟發和運算

B. 每個課程的一部分

C. 不是今日課堂上的一部分

D. 對學生的理解是必要的

18. 哪一個例子不是教學策略？

A. 明確的教學

B. 教職員會議

C. 示範

D. 心智圖

19. 下列哪項敘述不是認知的一部分？

A. 分析

B. 理解

C. 情緒反應

D. 訊息的提取

20. 語言性的組織表不包含……

A. 心智圖

B. 作筆記

C. 大綱

D. 學習日誌

字彙後測答案

1. A	6. C	11. C	16. D
2. B	7. D	12. A	17. A
3. B	8. B	13. D	18. B
4. C	9. A	14. A	19. C
5. D	10. A	15. D	20. A

Bandura, A. (1997). *Self-efficacy: The exercise of control.* New York: Freeman.

Bentley, W. A. (2000). *Snowflakes in photographs.* Mineola, NY: Dover Publications.

Berliner, D. (1986). In pursuit of the expert pedagogue. *Educational Researcher, 15*(7), 5–13.

Jensen, E. (1995). *The learning brain.* Del Mar, CA: The Brain Store.

Jensen, E. (1997). *Completing the puzzle: The brain-compatible approach to learning.* Del Mar, CA: The Brain Store Inc.

Jensen, E. (1998). *Introduction to brain-compatible learning.* Del Mar, CA: The Brain Store. Margulies, N., & Sylwester, R. (1998). *Emotion and learning.* Tucson, AZ: Zephyr.

Margulies, N. & Sylwester, R. (1998). *Emotion and learning.* Tucson, AZ: Zephyr.

Martin, J. B. (1998). *Snowflake Bentley.* Boston: Houghton Mifflin.

Marzano, R. J. (1992). *A different kind of classroom: Teaching with dimensions of learning.* Alexandria, VA: Association for Supervision and Curriculum Development.

Marzano, R. J. (1998). *A theory based meta-analysis of research on instruction.* Aurora, CO: Mid-continent Regional Educational Laboratory (McREL).

Parks, S., & Black, H. (1990). *Organizing thinking: Book II.* Pacific Grove, CA: Critical Thinking Press.

Paul, R. (1990). *Critical thinking: What every person needs to survive in a rapidly changing world.* Rohnert Park, CA: Sonoma University, Center for Critical Thinking and Moral Critique.

Sprenger, M. (1999). *Learning and memory: The brain in action.* Alexandria, VA: Association for Supervision and Curriculum Development.

Sprenger, M. (2002). *Becoming a wiz at brain-based teaching: How to make every year your best year.* Thousand Oaks, CA: Corwin Press.

Tileston, D. W. (1998). *Strategies for teaching differently.* Thousand Oaks, CA: Corwin Press.

Tileston, D. W. (2000). *Ten best teaching practices: How brain research, learning styles, and standards define teaching competencies.* Thousand Oaks, CA: Corwin Press.

Tileston, D. W. (2004a). *What every teacher should know about instructional planning.* Thousand Oaks, CA: Corwin Press.

Tileston, D. W. (2004b). *What every teacher should know about learning, memory, and the brain.* Thousand Oaks, CA: Corwin Press.

Tileston, D. W. (2004c). *What every teacher should know about student assessment.* Thousand Oaks, CA: Corwin Press.

Tileston, D. W. (2004d). *What every teacher should know about student motivation.* Thousand Oaks, CA: Corwin Press.

Tomlinson, C. A. (1999). *The differentiated classroom: Responding to the needs of all learners.* Alexandria, VA: Association of Supervisors and Curriculum Developers (ASCD).

Vygotsky, L. S. (1978). *Thought and language.* Cambridge: MIT Press.

Whisler, N., & Williams, J. (1990). *Literature and cooperative learning: Pathway to literacy.* Sacramento, CA: Literature Co-op.

國家圖書館出版品預行編目（CIP）資料

所有教師都應該知道的事——有效的教學策略／
Donna Walker Tileston 著；鍾佳慧譯.
-- 初版. -- 臺北市：心理，2011.08
面；　公分. --（教育現場系列；41141）
譯自：What every teacher should know about
effective teaching strategies
ISBN 978-986-191-442-8（平裝）

1. 有效教學策略

521.69　　　　　　　　　　　　　　　100010998

教育現場系列 41141

所有教師都應該知道的事——有效的教學策略

作　　者：Donna Walker Tileston
校 閱 者：林天祐、簡馨瑩
譯　　者：鍾佳慧
執行編輯：高碧嶸
總 編 輯：林敬堯
發 行 人：洪有義
出 版 者：心理出版社股份有限公司
地　　址：231 新北市新店區光明街 288 號 7 樓
電　　話：(02) 29150566
傳　　真：(02) 29152928
郵撥帳號：19293172 心理出版社股份有限公司
網　　址：http://www.psy.com.tw
電子信箱：psychoco@ms15.hinet.net
駐美代表：Lisa Wu（lisawu99@optonline.net）
排 版 者：辰皓國際出版製作有限公司
印 刷 者：昕皇彩色印刷有限公司
初版一刷：2011 年 8 月
初版三刷：2017 年 1 月
I S B N：978-986-191-442-8
定　　價：新台幣 130 元